Watchman Nee · In der Welt — nicht von der Welt

In der Welt —
nicht von der Welt

Zehn Studien und eine Taufpredigt

von

WATCHMAN NEE

R. Brockhaus Verlag Wuppertal

R. Brockhaus Taschenbücher Bd. 193

Die englische Ausgabe erschien bei der
Victory Press London unter dem Titel
LOVE NOT THE WORLD
© Angus I. Kinnear 1968
Deutsch von Kurt Mittelstädt

1972
Umschlaggrafik: Harald Wever, Wuppertal
Gesamtherstellung: Breklumer Druckerei Manfred Siegel

ISBN 3-417-00381-4

Inhalt

I. Der Geist hinter dem System . . . 7

II. Die Tendenz fort von Gott . . . 18

III. Eine Welt unter Wasser 31
Eine Taufpredigt

IV. Für mich gekreuzigt 45

V. Trennung 55

VI. Lichter in der Welt 65

VII. Unabhängigkeit 73

VIII. Erfrischen und sich erfrischen lassen . 82

IX. Mein Gesetz in ihren Herzen . . . 93

X. Die Kräfte des kommenden Zeitalters . 105

XI. Den Usurpator berauben 116

I.

Der Geist hinter dem System

»Jetzt ergeht ein Gericht über diese Welt; jetzt wird der Fürst dieser Welt ausgestoßen werden. Und wenn ich erhöht bin von der Erde, werde ich alle zu mir ziehen« (Joh. 12, 31. 32).

Jesus, unser Herr, spricht diese Worte im Anschluß an den begeisterten Empfang, den ihm die Volksmassen in Jerusalem bereitet haben. Gerade hat er in verhüllten Worten gesagt, daß er sein Leben opfern werde, und der Himmel selbst hat diese Worte öffentlich bestätigt, da tritt er nun mit dieser großen, doppelten Aussage hervor. Was, so fragen wir uns, kann sie denen bedeutet haben, die ihm eben noch zugejubelt haben, die hinausgezogen waren, um ihn auf seinem Wege zu begleiten? Für die meisten von ihnen — soweit sie überhaupt etwas verstanden — müssen seine Worte den totalen Zusammenbruch ihrer Hoffnungen bedeutet haben. Diejenigen aber, die tiefer blickten, erkannten später, daß Jesus ihnen hatte andeuten wollen, auf welche Weise und in welcher Absicht er sterben würde (Vers 33).

Seine Aussage zerstörte zwar viele Illusionen, schenkte aber statt dessen eine große und sichere Hoffnung. Denn sie kündigte einen viel radikaleren Machtwechsel an, als selbst die jüdischen Patrioten erhofft hatten. »Und ich . . .« — er, der ganz andere, der in scharfem Gegensatz zu dem Fürsten dieser Welt steht, wird durch das Kreuz, durch den Gehorsam als Gottes Weizenkorn die Zwangsherrschaft dieser Welt besiegen. Und mit seiner Auferstehung wird an die Stelle der Zwangsherrschaft ein neues Regiment treten: Gerechtigkeit wird herrschen, die von der freien Hingabe der Menschen an ihn, Jesus den Herrn, gekennzeichnet ist. Mit Seilen der Liebe wird er ihre Herzen an sich ziehen — von einer unter dem Gericht stehenden Welt weg — hin zu ihm, dem Menschensohn, der zwar zuerst zum Sterben, aber gerade dadurch zur Herrschaft erhoben worden ist.

»Die Erde« ist der Schauplatz dieses Ringens und seiner unermeßlichen Auswirkungen. Und »diese Welt« ist der Ort, an dem der Zusammenstoß erfolgt. »Erde«, »Welt« — der Schauplatz soll nun Gegenstand unserer Untersuchungen sein, und wir wollen damit beginnen, daß wir uns mit den neutestamentlichen Bedeutungen des griechischen Wortes *Kosmos* befassen.

Mit einer einzigen Ausnahme, auf die wir noch kurz hinweisen werden, wird dieses Wort in den meisten Bibelübersetzungen stets mit »Welt« wiedergegeben. (Das andere griechische Wort, *Aion*, das gleichfalls mit »Welt« übersetzt wird, enthält den Begriff der Zeit und sollte deshalb besser mit »Zeitalter« wiedergegeben werden.)

Wenn Sie einmal in einem Wörterbuch zum griechischen Neuen Testament nachschlagen, werden Sie über die Bedeutungsbreite, die das Wort *Kosmos* in der Schrift hat, staunen. Aber zuvor wollen wir einen

Blick auf seinen Ursprung im klassischen Griechisch werfen. Es kennt zwei Bedeutungen für *Kosmos:* einmal *Kosmos* als *harmonische Ordnung oder Gliederung;* zum anderen *Kosmos* als *Verzierung oder Schmuck.* Das Verb *kosmeo* wird im Neuen Testament im Sinne von »schmücken« des Tempels mit edlen Steinen oder der Braut für ihren Mann (Luk. 21, 5; Offb. 21, 2) verwendet, und so wird in 1. Petr. 3, 3 — der Ausnahme, auf die schon hingewiesen wurde — *Kosmos* in Übereinstimmung mit dem Verb *kosmeo* in Vers 5 mit »Schmuck« übersetzt.

Bei den Schreibern des Neuen Testamentes finden wir drei Bedeutungsgruppen des Wortes *Kosmos:*

1. *das materielle Universum, die ganze Welt, diese Erde* Apg. 17, 24: »Gott, der die Welt und alles, was in ihr ist, gemacht hat«; Matth. 13, 35 u. a.

»Die Grundlegung der Welt«; Joh. 1, 10: »Er war in der Welt, und die Welt ist durch ihn geschaffen«; Mark. 16, 15: »Gehet hin in alle Welt!«

2. *die Menschen als die Bewohner der Welt* Joh. 1, 10: »Die Welt kannte ihn nicht«; 3, 16: »So sehr hat Gott die Welt geliebt«; 12, 19: »Alle Welt läuft hinter ihm her«; 17, 21: »Damit die Welt glaube!«; der Begriff verengt sich und umfaßt die von Gott abgefallene Menschheit, wenn sie von den Glaubenden spricht, »deren die Welt nicht wert war« Hebr. 11, 38, sie, »die den Geist der Wahrheit nicht empfangen kann« Joh. 14, 17; »Nicht wie die Welt gibt, gebe ich euch« Joh. 14, 27; »Wenn euch die Welt haßt . . .« 15, 18.

3. weltliche Angelegenheiten, also das gesamte Gebiet weltlicher Güter, Gaben, Reichtümer, Vorteile, Vergnügungen, die, obwohl sie vergänglich sind, dennoch von uns begehrt werden und uns von Gott wegführen, so daß sie der Sache Christi entgegen stehen. Wir sollen sie nicht lieben 1. Joh. 2, 15, sondern dem, der daran Mangel hat, abgeben 3, 17; die ganze Welt wiegt nicht den Schaden am inneren Leben auf: Matth. 16, 26, weshalb die Welt in Freiheit und nicht in Abhängigkeit gebraucht werden soll 1. Kor. 7, 31.

Dieser Gebrauch von *Kosmos* bezieht sich nicht nur auf materielle, sondern auch auf abstrakte Dinge, die geistige und sittliche (oder unsittliche) Werte umfassen. So: »Der Geist der Welt« 1. Kor. 2, 12; »Die Weisheit dieser Welt« 3, 19; »Die Gestalt dieser Welt« 7, 31; »weltliche Lüste« (Adj. *kosmikos*) Tit. 2, 12; »Die verderbliche Lust in der Welt« 2. Petr. 1, 4; »Der Unrat der Welt« 2, 20; »Alles, was in der Welt ist, die Lust . . ., die Prahlerei . . . vergeht« 1. Joh. 2, 16. 17; Der Christ soll sich »von der Welt unbefleckt halten« Jak. 1, 27.

Wer sich in die Bibel vertieft, wird bald entdecken, daß — wie die angeführten Bibelstellen vermuten lassen — *Kosmos* ein Lieblingswort des Apostels Johannes ist. Er kann uns auch zu einer weiteren Schlußfolgerung verhelfen:

Die drei Bedeutungen des Wortes »Welt«, nämlich 1. die materielle Erde oder das Universum, 2. die Bevölkerung der Erde und 3. die Dinge dieser Erde, tragen alle ihren Teil zum Gesamtbild bei. Es dürfte aber schon deutlich geworden sein, daß hinter all dem noch mehr steht. Die Bedeutung des klassischen Griechisch, wonach *Kosmos* als *Ordnung oder Organisation* verstanden wird, weist uns auf das hin, worum es sich hier handelt: Hinter all dem, was greifbar ist, stoßen wir auf etwas Ungreifbares, auf ein wohlgeplantes System, und dieses System drängt auf Harmonie, auf eine vollkommene Ordnung.

Im Blick auf dieses System verdienen zwei Dinge besondere Beachtung. Erstens: Seit dem Tage, an dem Adam dem Bösen die Tür zu Gottes Schöpfung öffnete, *erweist sich diese Weltordnung als gottfeindlich.* Die Welt »hat Gott nicht erkannt« (1. Kor. 1, 21). Sie »haßte Christus« (Joh. 15, 18) und »kann den Geist der Wahrheit nicht empfangen« (14, 17). »Ihre Werke sind böse« (Joh. 7, 7), und »die Freundschaft der Welt ist Feindschaft gegen Gott« (Jak. 4, 4).

Deshalb sagt Jesus: »Mein Reich ist nicht von dieser Welt!« (Joh. 18, 36). Er hat »die Welt überwunden« (Joh. 16, 33), und »der Sieg, der die Welt überwunden hat, ist unser Glaube an ihn« (1. Joh. 5, 4). Wie der Vers aus Joh. 12, der unsre Studie einleitet, feststellt, steht die Welt unter dem Gericht. Gott kennt ihr gegenüber keinen Kompromiß.

Ein Kompromiß ist deshalb ausgeschlossen, weil zweitens *hinter dem System ein Geist steht* — der »Fürst dieser Welt«, wie ihn unser Vers nennt. Johannes benutzt diese Bezeichnung wiederholt (12, 31; 14, 30; 16, 11). In seinem Brief beschreibt er ihn als »den, der in der Welt ist« (1. Joh. 4, 4), und stellt ihm den Geist der Wahrheit gegenüber, der in den Gläubigen wohnt. »Die ganze Welt«, sagt Johannes, »liegt in der Gewalt des Bösen« (1. Joh. 5, 19). Er ist der rebellische *Kosmokrator*, der Weltherrscher — ein Wort, das allerdings nur einmal, und zwar in der Mehrzahl vorkommt und sich auf seine Statthalter, »die Weltherrscher dieser Finsternis«, bezieht (Eph. 6, 12).

Es gibt also ein geordnetes System, »die Welt«, die hinter den Kulissen von einem Herrscher, dem Satan, regiert wird. Wenn Jesus Joh. 12, 31 erklärt, das Gericht ergehe über die Welt, so meint er damit nicht, daß die materielle Welt oder ihre Bewohner gerichtet würden. Ihr Gericht steht noch bevor. Was hier gerichtet wird, ist diese Institution, diese harmonische Weltordnung, deren Urheber und Haupt Satan ist, er, »der Fürst der Welt«, der bereits gerichtet worden ist (16, 11), und der entthront und für immer »ausgestoßen« werden wird, wie Jesus deutlich sagt.

So vertieft die Schrift unser Verständnis für die Welt, die uns umgibt; und sie warnt uns: Wenn wir diese unsichtbare Macht, die hinter den materiellen Dingen steht, nicht beachten, dann sind wir schnell betrogen. Daher auch die Aufforderung in 1. Petr. 3, wo der Apostel »den äußeren Schmuck« (*Kosmos*) (Haarflechten und Goldschmuck oder Kleiderpracht) dem »unvergänglichen Schmuck des sanften und stillen Geistes« gegenüberstellt, der in den Augen Gottes von hohem Wert ist. Ob wir uns die Wertmaßstäbe des Petrus zu eigen machen oder nicht, hängt davon ab, ob wir die ganze Tragweite seiner Worte erkennen. Er will nämlich sagen: Schmückende Kleider, Juwelen, Make-up sind Sache der von Gott abgefallenen Welt, deren — schon gerichteter — Herr seine eigenen Ziele verfolgt.

Was ist denn — so fragen wir uns — das Motiv, das uns im Hinblick auf solche Äußerlichkeiten antreibt? Es könnte ja etwas Unbewußtes, völlig Unschuldiges sein. Wollen wir nicht durch Stil, Harmonie und perfektes Zusammenspiel lediglich eine angenehme ästhetische Wirkung hervorrufen? Das braucht nichts Schlechtes zu sein; aber erkennen Sie und ich, womit wir hier in Berührung kommen? Wir lassen uns mit diesem harmonischen System ein, das hinter den sichtbaren Dingen steht, einem System, das von Gottes Feind beherrscht wird. Deshalb müssen wir wachsam sein!

Die Bibel beginnt damit, daß Gott Himmel und Erde erschafft. Sie sagt nicht, daß er die Welt schuf in dem Sinne, über den wir jetzt sprechen. In der Bibel ist die Bedeutung des Wortes »Welt« einer Entwicklung unterworfen, und erst im Neuen Testament (in geringerem Ausmaß vielleicht auch schon in den Psalmen und einigen Propheten) wird »die Welt« in ihrer vollen geistigen Bedeutung herausgestellt. Diese Entwicklung hat einen sehr einleuchtenden Grund. Vor dem Fall des Menschen gab es noch keinen *Kosmos*, keine »Welt« im Sinne einer von Satan konstituierten Ordnung. Mit dem Fall aber brachte Satan eine Ordnung auf diese Erde, die seinen eigenen Plänen entsprach. Damit begann das Weltsystem, von dem wir jetzt sprechen. Von diesem Zeitpunkt an war diese Erde in »der Welt«, und der Mensch war in »der Welt« — im Kosmos.

Politik, Bildungswesen, Literatur, Wissenschaft, Kunst, Recht, Wirtschaft, Musik, daraus besteht der *Kosmos:* und das sind die Angelegenheiten, mit denen wir täglich zu tun haben. Ohne sie würde die Welt aufhören, als zusammenhängendes System zu existieren. Wenn wir die Geschichte der Menschheit betrachten, dann können wir auf allen diesen Gebieten beachtliche Fortschritte anerkennen. Die Frage ist jedoch: In welche Richtung tendiert dieser »Fortschritt«? Was ist das Endziel dieser gesamten Entwicklung? Am Ende, so teilt uns Johannes mit, wird sich der Antichrist erheben und sein Königreich in dieser Welt errichten (1. Joh. 2, 18. 22; 4, 3; 2. Joh. 7; Offb. 13). *Das* ist die Richtung, in der diese Welt fortschreitet. Satan benutzt die materielle Welt, die Menschen in der Welt und die Dinge, die in dieser Welt sind, um schließlich alles auf dies Reich des Antichrist auszurichten. Zu jener Stunde wird das Weltsystem seinen Höhepunkt erreicht haben, und dann wird sich jede seiner Einheiten als antichristlich erweisen.

Im 1. Buch Mose finden wir im Garten Eden keinen Hinweis auf die Technik, mechanische Geräte werden nicht erwähnt. Nach dem Fall hingegen lesen wir, daß sich unter den Nachkommen Kains ein Schmied befand, der Geräte aus Bronze und Eisen anfertigte. Vor ein paar Jahrhunderten hätte man es für Phantasterei gehalten, wenn jemand in eisernen Werkzeugen den Geist des Antichristen entdeckt hätte, obwohl sich schon damals das Schwert in offenem Wettstreit mit der Pflugschar befand. Heute aber haben sich die Metalle in der Hand des Menschen zu finsteren und tödlichen Werkzeugen verwandelt, und je mehr das Ende naht, um so eindeutiger wird sich der weitverbreitete Mißbrauch der Technik offenbaren.

Genauso verhält es sich mit der Musik und den Künsten. Denn auch Flöte und Harfe scheinen in der Familie Kains erfunden worden zu sein, und heute wird ihre gottfeindliche Natur in unheiligen Händen immer offenkundiger. In manchen Gebieten der Welt ließ sich schon immer eine enge Beziehung zwischen Götzendienst einerseits und Malerei, Bildhauerei und Musik andererseits nachweisen. Ohne Zweifel wird der Tag kommen, an dem die Natur des Antichrist offener denn je in Gesang und Tanz, im Theater und in den bildenden Künsten zutage treten wird.

Beim Handel sind diese wechselseitigen Beziehungen vielleicht noch auffallender. Satan war der erste Kaufmann, der Eva mit Gewinn seine Ideen verkaufte. In der Bildersprache von Hes. 28 wird anscheinend etwas von seinem wahren Charakter enthüllt. Dort lesen wir: »Durch deinen Handel hast du deine Reichtümer vermehrt, und dein Herz hat sich überhoben« (Vers 5). Vermutlich bedarf es dazu keiner weiteren Argumente, denn die meisten unter uns werden aus Erfahrung die tödlichen Konsequenzen unserer profitgierigen Wirtschaft zugeben.

Und wie steht es mit dem Bildungswesen? Da erheben wir Widerspruch: Das muß doch gut sein! Und schließlich müssen wir unsren Kindern ja wohl Unterricht geben! Aber Bildung gehört ebenso wie Wirtschaft und Technik zu den Dingen dieser Welt. Sie hat ihre Wurzeln im Baum der Erkenntnis. Wie sorgsam sind wir als Christen darauf bedacht, unsre Kinder vor den erkennbaren Fallstricken des Satans zu bewahren! Aber wir müssen natürlich für ihre Ausbildung sorgen! Wie können wir das Problem lösen, daß wir sie einerseits mit etwas in Berührung bringen, das seinem wahren Wesen nach zur Welt gehört, und sie andererseits vor dem großen Weltsystem und seinen Gefahren beschützen?

Und wie steht es um die Wissenschaft? Auch sie gehört zu den Einheiten, die den *Kosmos* bilden. Auch ihr geht es um die Erkenntnis. Wenn wir in die entlegeneren Gebiete der Wissenschaft vorstoßen und über die Natur der physikalischen Welt — und des Menschen — zu spekulieren beginnen, so erhebt sich sofort die Frage: Bis zu welchem Punkte ist wissenschaftliche Forschung und Entdeckung legitim? Wo ist im Bereich der Wissenschaft die Grenze zwischen dem, was nützlich ist, und dem, was schadet? Wie können wir nach Erkenntnis streben, ohne dabei in die Netze Satans zu geraten?

Oh, ich weiß, manche werden meinen, ich übertreibe hier. Aber das ist nötig, wenn ich mein Hauptanliegen deutlich genug herausstellen will. Denn »wenn jemand die Welt liebhat, so ist die Liebe des Vaters nicht in ihm« (1. Joh. 2, 15). Wenn wir mit den Dingen der Welt in Berührung kommen, so müssen wir uns letztlich immer diese Frage stellen: »Inwiefern beeinflußt diese Sache mein Verhältnis zum Vater?«

Die Zeit ist vorüber, da wir hinaus in die Welt gehen mußten, um mit ihr Kontakt aufzunehmen. Heute drängt die Welt sich uns auf. Überall sind wir von einer Kraft umgeben, die die Menschen gefangennimmt. Haben Sie die Macht der Welt je so sehr gespürt wie heute? Haben Sie je mehr über Geld reden hören? Haben Sie sich je soviel Gedanken um Nahrung und Kleidung gemacht? Wohin Sie gehen, überall — auch unter Christen — sind die Dinge der Welt das Hauptgesprächsthema. Die Welt ist vorgedrungen bis an die Türen der Kirche und versucht, auch die Heiligen in ihre Fänge zu ziehen. Nie haben wir im Bereich der materiellen Dinge die befreiende Macht des Kreuzes Christi so nötig gehabt wie in der gegenwärtigen Zeit.

Auch früher sprachen wir viel über Sünde und das Leben ohne Christus. Wir kannten auch die geistlichen Probleme, die sich im Zusammenhang damit ergeben. Aber wir erkannten kaum, welche großen geistlichen Belange auf dem Spiele stehen, wenn wir mit der Welt in Berührung kommen. Es gibt eine geistige Macht hinter der Weltszenerie, die darauf bedacht ist, die Menschen durch »die Dinge, die in der Welt sind«, in ihr System zu verstricken. Nicht nur vor der Sünde, auch vor dem Herrscher dieser Welt müssen die Heiligen Gottes auf der Hut sein. Gott baut seine Kirche bis zu ihrer Vollendung im allumfassenden Reich Christi.

Gleichzeitig baut sein Rivale sein Weltsystem bis zu seinem fragwürdigen Höhepunkt unter dem Regime des Antichrist. Wie wachsam müssen wir sein, damit sich nicht eines Tages herausstellt, daß wir dem Satan beim Bau dieses unseligen Reiches behilflich gewesen sind! Wenn wir vor Alternativen stehen und uns für einen Weg entscheiden müssen, so lautet die Frage nicht: Ist das gut oder schlecht? Ist es nützlich oder schädlich? Nein, die Frage, die wir uns stellen müssen, heißt: Ist die Sache von dieser Welt oder von Gott? Denn da es letztlich nur diesen einen Konflikt im Universum gibt, sind wir nie vor eine geringere Wahl gestellt als die: Gott ... oder Satan!

II.
Die Tendenz fort von Gott

Da jeder von uns in den Banden der Sünde gefangen gewesen ist, so glauben wir ohne weiteres, daß sündige Dinge satanisch sind. Aber glauben wir auch, daß die Dinge der Welt gleichermaßen satanisch sind? Manche unter uns scheinen sich darüber noch nicht im klaren zu sein. Die Schrift sagt jedoch eindeutig: »Die ganze Welt liegt in der Gewalt des Bösen« (1. Joh. 5, 19). Der Satan weiß im allgemeinen sehr wohl, daß der Versuch, Christen durch ausgesprochen sündige Dinge zu umgarnen, meist vergeblich ist. Sie erkennen gewöhnlich die Gefahr und meiden sie. So hat er statt dessen ein verführerisches Netzwerk ersonnen, dessen

Maschen so geschickt geknüpft sind, daß sich selbst der harmloseste Mensch darin fangen kann. Wir fliehen die sündigen Lüste, und mit gutem Grund. Aber wenn es sich um anscheinend so unschuldige Dinge wie Wissenschaft, Kunst oder Bildung handelt, dann verläßt uns das Unterscheidungsvermögen, und wir werden eine Beute ihrer Verlockungen!

Das Gerichtswort unsres Herrn besagt deutlich, daß alles, was »die Welt« ausmacht, dem Plan Gottes widerspricht. Der Satz: »Jetzt ergeht das Gericht über die Welt« enthält deutlich das Urteil über all das, was den *Kosmos* ausmacht; und dieser Satz wäre nie ausgesprochen worden, wenn es sich nicht um etwas radikal Verkehrtes, also auch zu Verurteilendes handelte. Wenn Jesus weiter sagt: »Nun wird der Fürst dieser Welt ausgestoßen werden«, so betont er damit nicht nur die enge Beziehung zwischen Satan und der Weltordnung, sondern auch die Tatsache, daß ihre Verurteilung mit der des Satans verbunden ist. Erkennen wir an, daß heutzutage Satan der Fürst der Erziehung, der Wissenschaft, der Kultur und der Künste ist und daß sie mit ihm verdammt sind? Erkennen wir an, daß er der eigentliche Herr aller Dinge ist, die miteinander das Weltsystem ausmachen?

Wenn über einen Tanzsaal oder einen Nachtklub gesprochen wird, so reagieren wir Christen instinktiv ablehnend. Für uns ist dies »die Welt« *par excellence*. Wenn wir aber — um das andere Extrem zu nennen — über Medizin oder Sozialarbeit diskutieren, dann wird es kaum zu einer solchen Reaktion kommen. Diese

Dinge genießen unsre stillschweigende Billigung oder vielleicht sogar unsre begeisterte Unterstützung. Und zwischen diesen beiden Extremen liegt eine Vielzahl anderer Dinge, deren Einfluß mit großen Abstufungen gut oder böse ist. Hier sind vielleicht nicht zwei unter uns der gleichen Meinung, wo genau die Grenzlinie zu ziehen ist. Aber wir müssen der Tatsache ins Auge sehen, daß Gott nicht etwa über einige spezielle Dinge, die zu dieser Welt gehören, das Urteil gesprochen hat, sondern uneingeschränkt über alle.

Prüfen Sie sich selbst! Wenn Sie auf einem der »gebilligten« Gebiete tätig sind und jemand riefe Ihnen zu: »Vorsicht — das ist ›Welt‹«, würde Sie das beeindrucken? Wahrscheinlich überhaupt nicht. Es müßte Ihnen schon jemand, vor dem Sie großen Respekt haben, geradeheraus und in allem Ernst sagen: »Bruder, hier haben Sie sich mit der Welt eingelassen!« Erst dann würden Ihnen Bedenken kommen. Ist es nicht so? Was würden Sie denken, wenn Ihnen jemand sagte: »Sie sind da mit dem Bildungswesen in Berührung gekommen!« oder: »Sie sind da mit der medizinischen Wissenschaft in Berührung gekommen!« oder: »Sie haben da mit der Wirtschaft Berührung gehabt!«? Würden Sie mit der gleichen Vorsicht reagieren, wie wenn er gesagt hätte: »Sie haben sich da mit dem Teufel eingelassen!«? »Die ganze Welt liegt in der Gewalt des Bösen!« — nicht nur ein Teil davon, *sondern das Ganze*. Wir dürfen keinen Augenblick meinen, der Satan widerstehe Gott nur durch Sünde und fleischliches Wesen in den Herzen der Menschen. Er widersteht Gott durch alles Weltliche! Natürlich stimme ich mit Ihnen darin überein, daß die Dinge der Welt in gewisser Hinsicht materiell und leblos sind und an sich keine Macht haben, uns zu schaden. Aber selbst das sollte uns zeigen, daß sie sich dem Plan Gottes widersetzen, wie alles, in dem kein Funke des göttlichen Lebens ist.

Der immer wiederkehrende Ausdruck »nach seiner Art« im Schöpfungsbericht bezeichnet ein Gesetz der Fortpflanzung, das den ganzen Bereich der biologischen Natur beherrscht. Dies Gesetz gilt aber nicht im Bereich des Geistes. In jeder Generation können Eltern Kinder »nach ihrer Art« zeugen. Aber eins ist sicher: Christen können keine Christen zeugen! Selbst dann, wenn beide Eltern Christen sind, werden ihre Kinder nicht automatisch als Christen geboren, nein, nicht einmal in der ersten Generation. Jedesmal bedarf es dazu eines erneuten göttlichen Eingreifens.

Dies Prinzip gilt genauso in erweitertem Sinn für das menschliche Leben. Alles, was zur menschlichen Natur gehört, setzt sich spontan fort; was jedoch Gott angehört, dauert nur solange fort, wie Gottes Einwirkung fortdauert. So gehört zur Welt alles, was ohne göttliche Wirksamkeit fortbestehen kann: Und da die Welt und alles, was zu ihr gehört, auf natürlichem Wege fortbesteht (es liegt in ihrer Natur) — und während sie das tut —, *bewegt sie sich in einer Richtung fort, die dem Willen Gottes widerstrebt.* Wir werden versuchen, diese Tatsache sowohl aus der Schrift wie aus der christlichen Erfahrung zu belegen.

Wir wollen uns zunächst auf dem Gebiet der *Politik* umsehen. Die Geschichte Israels im Alten Testament bietet uns das Beispiel einer höchst privilegierten Nation und ihrer Regierung. Das Volk Israel, so erfahren wir, wollte politische Beziehungen zu den umwohnenden Nationen anknüpfen. Deshalb begehrte es einen König. In David gab ihm Gott schließlich zu Seiner Zeit einen König nach Seiner Wahl, der das Königtum unter Seiner Leitung fortführte.

Aber obwohl es sich hier ganz klar um ein Tun Gottes handelte, führte die natürliche Tendenz des Königtums, »zu sein wie die Nationen«, von Gott weg. Denn ein Königtum gehört zu den Dingen dieser Welt, und wie alle weltlichen Dinge tendiert es zum Konflikt mit den göttlichen Absichten. Überall, wo in der Welt die Regierung eines Volkes sich selbst überlassen bleibt, da wird sie ihren natürlichen Kurs einschlagen und sich immer weiter von Gott entfernen. Und was für die Politik der weltlichen Nationen gilt, das wirkte sich in gleicher Weise auch auf das erwählte Israel aus. Sooft Gott sein besonderes Handeln an ihnen einstellte, trieb das Königtum Israels in götzendienerische politische Richtungen ab. Gewiß, es gab Zeiten der Umkehr, aber jede von ihnen war durch ein besonderes göttliches Eingreifen gekennzeichnet. Und ohne eine solche Intervention war die Tendenz stets bergab gerichtet.

Die Wirtschaft als Welt: Es wird uns kaum überraschen, daß es sich im Bereich der Wirtschaft genauso verhält. Ich kann mir kein Gebiet denken, wo die Versuchung, unehrlich und korrupt zu handeln, so groß ist wie hier. Wir alle kennen etwas davon. Wir wissen, wie schwer es ist, im harten Konkurrenzkampf ehrlich zu bleiben und seine Geschäfte korrekt abzuwickeln. Viele halten das überhaupt für unmöglich, und wer sich wirklich darum bemüht, der muß sich bei seiner Lebensführung in ganz besonderer Weise auf Gott verlassen.

Jesus Christus erzählt von zwei sehr verschiedenen Männern, von denen der eine die ganze Welt gewann und sein Leben verlor, während der andere — ein Kaufmann — alles, was er hatte, verkaufte, um eine wertvolle Perle zu erwerben. Mit dem Perlenhändler vergleicht Jesus das Himmelreich (Matth. 16, 26; 13, 45. 46). Der Geist Gottes hat oft Geschäftsleute veranlaßt, ähnlich zu handeln. Es hat nicht wenige bekannte Firmen gegeben, deren Gewinne Gott zur Verbreitung des Evangeliums oder für andere Dienste zur Verfügung gestellt wurden.

Ich kenne ein solches Unternehmen, das auf die Gründung eines gottesfürchtigen Geschäftsmannes zurückgeht. Nun ist Gottesfurcht eine Eigenschaft, die nur erhalten bleiben kann, wenn sie vom Himmel her unterstützt wird. Aber geschäftlicher Scharfsinn und eine tüchtige Organisation, eine Folgeerscheinung des Scharfsinns, kann aus sich selbst heraus bestehen. In der ersten Generation der Firmengeschichte finden wir, dank der Haltung des Gründers, göttliches Leben, das ausreichte, um das, was schon damals eine weltliche Angelegenheit war, fest unter der Autorität Gottes zu halten. Aber schon die zweite Generation streifte diese Fessel ab, und wie zu erwarten, wandte sich das Geschäft automatisch dem Weltsystem zu. Von Gottesfurcht ist nichts mehr zu spüren, aber die Firma selbst blüht.

Wenden wir uns jetzt einer augenscheinlich harmlosen Sache, der *Landwirtschaft*, zu. Hier kann uns das 1. Buch Mose, das die Welt der Viehzucht und des Ackerbaus beschreibt, manches lehren. Nach Adams Fall mußte Gott ihm sagen: »Verflucht sei der Acker um deinetwillen. Mit Mühsal sollst du dich von ihm nähren dein Leben lang. Dornen und Disteln wird er dir tragen, und vom Gewächs des Feldes wirst du dich nähren. Im Schweiße deines Angesichts sollst du das Brot essen, bis du zum Erdboden zurückkehrst.« Niemand wird annehmen wollen, daß Land- oder Gartenarbeit in Eden, wo der Baum des Lebens grünte, etwas Unrechtes gewesen sei. Sie war gottgewollt. Aber kaum war sie der Hand Gottes entglitten, so verdarb sie. Der Mensch war nunmehr zu einem endlosen Kreislauf von Plackerei und Enttäuschung verurteilt, und ein Element der Verderbtheit ruinierte die Frucht seiner Mühe. Die Errettung Noahs war Gottes großes Sanierungsunternehmen. Die Erde bekam eine neue Chance. Aber wie schnell und wie tragisch war des Menschen Rückfall in das alte Wesen! »Noah wurde Bauer und pflanzte einen Weinberg. Und er trank vom Wein und wurde betrunken; und er lag unbedeckt in seinem Zelt.« Natürlich ist der Ackerbau an sich nicht sündig, aber schon hier ist seine Tendenz fort von

Gott. Man braucht ihm nur seinen natürlichen Lauf zu lassen, und er wird sich einen Weg suchen, der den Absichten Gottes diametral entgegengesetzt ist. Erkennen wir heute nicht etwas davon in solchen Naturkatastrophen wie etwa den versteppenden Kontinenten, den Folgen rücksichtsloser Ausbeutung?

Anders die Gemeinde, der Acker Gottes! Durch die Gnade Gottes und den der Gemeinde innewohnenden Geist besitzt sie eine innere Lebenskraft, die es ihr, wenn sie gehorsam ist, ermöglicht, sich ständig auf Gott hinzubewegen oder sich von Gott zurückrufen zu lassen, wenn sie abirrt.

Auch zum *Bildungswesen* haben uns sowohl die Erfahrung wie die Bibel etwas zu sagen. Männer wie Joseph, Moses und Daniel, deren Klugheit sich Gott zum allgemeinen Nutzen bediente, erhielten alle auf direktem Wege von Gott selbst die Einsichten, die sie nötig hatten. Sie verließen sich kaum auf ihre weltliche Ausbildung, sondern stellten sie Gott zur Verfügung. Und der Apostel Paulus zählte die Gelehrsamkeit eindeutig zu »all den Dingen«, die er für einen Verlust hielt angesichts der wertvollen Erkenntnis Jesu Christi, seines Herrn (Phil. 3, 8). Er machte einen klaren Unterschied zwischen Weisheit der Welt und der Weisheit, die von Gott kommt (1. Kor. 1, 21. 30).

Aber es ist vor allem die Erfahrung, die uns die Gelehrsamkeit als in ihrem Wesen weltlich demonstriert. Die meisten der historischen Universitäten im Westen wurden von christlichen Männern gegründet, die ihren Mitmenschen eine gute Ausbildung unter christlichem

Einfluß vermitteln wollten. Zu Lebzeiten ihrer Gründer herrschte in diesen Institutionen ein hervorragender Geist, denn diese Männer erfüllten sie mit wirklich geistlichem Inhalt. Nach ihrem Tod entfiel jedoch die geistliche Kontrolle, und das Bildungswesen schlug unausweichlich seinen eigenen Kurs ein, hin zur Welt des Materialismus und weg von Gott. In manchen Fällen mag das lange gedauert haben, denn religiöse Tradition hat ein zähes Leben. Aber die Tendenz liegt überall offen zutage, und in den meisten Fällen ist dies Ziel schon jetzt erreicht. Wenn materielle Dinge unter geistlicher Kontrolle stehen, erst dann und nur so lange stehen sie Gott und seinem Reich zur Verfügung. Aus dieser Beschränkung entlassen, offenbaren sie sehr schnell die Macht, die hinter ihnen steht. Das Gesetz ihrer Natur setzt sich durch, und ihr weltlicher Charakter erweist sich in der Richtung, die sie einschlagen.

Die soziale Verantwortung: Der Umfang missionarischer Bemühungen in unsrer Gegenwart gibt uns Gelegenheit, hier und heute dies Prinzip an den religiösen Institutionen nachzuprüfen. Vor mehr als einem Jahrhundert begann die Kirche, in China Schulen und Krankenhäuser mit entschieden geistlicher Ausrichtung und dem Ziel der Evangelisation zu errichten. In dieser Zeit legte man den Gebäuden nicht allzu viel Wert bei, betonte aber dafür um so mehr die Rolle der Institutionen bei der Verkündigung des Evangeliums. Vor dreißig Jahren konnten Sie auf denselben Grundstükken mancherorts viel geräumigere und schönere Anlagen vorfinden. Aber mit früheren Jahren verglichen, gab es weit weniger Bekehrte. Und heute sind diese großartigen Schulen und Colleges zu reinen Bildungszentren geworden. Ähnlich dienen die meisten Krankenhäuser nunmehr ausschließlich der Heilung des Leibes und nicht der Seele. Die Gründer dieser Institutionen hatten diese ganz auf die Ziele Gottes ausrichten können, weil sie selbst mit Gott lebten. Aber nach ihrem Tode legten sich diese Institutionen sehr schnell weltliche Maßstäbe und Ziele zu und klassifizierten sich damit selbst als »Dinge der Welt«. Das sollte uns nicht überraschen!

In den ersten Kapiteln der Apostelgeschichte lesen wir, wie ein unvorhergesehener Zwischenfall die Kirche veranlaßte, eine Hilfsorganisation für die bedürftigen Gemeindeglieder einzurichten. Diese Notorganisation für Sozialhilfe stand offenkundig unter Gottes Segen, aber sie war vorübergehender Natur. Vielleicht meinen Sie: »Ach, wenn sie doch nur fortbestanden hätte!« Aber nur jemand, der Gott nicht kennt, kann so denken. Wären diese Hilfsmaßnahmen unbeschränkt fortgesetzt worden, so wären sie sicher in Richtung auf die Welt umgeschwenkt, nachdem der geistliche Einfluß, der bei ihrem Beginn in ihnen wirkte, einmal verschwunden war. Das ist unvermeidlich.

Denn es besteht ein Unterschied zwischen dem Aufbau der Gemeinde Gottes auf der einen Seite und diesen wertvollen sozialen und karitativen Nebenprodukten, die von Zeit zu Zeit durch den Glauben und den Ideenreichtum ihrer Mitglieder anfallen. Obwohl diese Nebenprodukte ihre Entstehung geistlichen Gesichtspunkten verdanken, haben sie doch in sich selbst die Kraft unabhängig fortzuleben, eine Kraft, die die Gemeinde Gottes nicht besitzt. Sie sind Werke, die der Glaube der Gotteskinder zwar anfangen und in denen er Pionierdienste leisten kann, aber wenn der Weg einmal vorgezeichnet ist und die fachlichen Maßstäbe festgelegt worden sind, so können sie leicht von Weltmenschen ohne diesen Glauben in Gang gehalten oder nachgeahmt werden.

Die Gemeinde Gottes — ich will es wiederholen — ist für ihr Fortbestehen unaufhörlich vom Leben aus Gott abhängig. Stellen Sie sich eine lebendige Großstadtgemeinde vor, in der echte Gemeinschaft und ein reges Gebetsleben herrscht, in der das Evangelium klar bezeugt wird und die geistliche Aktivität ausstrahlt. Was werden wir nach einigen Jahren vorfinden? Wenn Gottes Volk ihm in Glauben und Gehorsam nachgefolgt ist, so kann sie ein Ort sein, der mehr denn je vom Leben und Licht des Herrn und der Macht seines Wortes durchflutet ist. Wenn es aber dem Herrn nicht treu gewesen ist und den Blick auf Christus verloren hat, so kann sie ebensogut zu einem Ort geworden sein, wo man den Atheismus verkündigt. Damit hat sie aufgehört, als Gemeinde zu bestehen. Denn *der Fortbestand der Gemeinde hängt vom ununterbrochenen Zufluß neuen göttlichen Lebens ab.* Ohne ihn kann sie nicht einen Tag überleben.

Nehmen wir einmal an, neben dieser Gemeinde entstehen eine Schule, ein Krankenhaus, ein Verlag oder irgendeine andere religiös fundierte Institution, die die Glieder dieser Gemeinde im Glauben ins Leben gerufen haben. Unter der Voraussetzung, daß das Bedürfnis für ihre Existenz nach zehn Jahren noch vorhanden ist und kein anderes privates oder staatliches Unternehmen ihre Aufgabe übernommen hat, wird diese Institution auch dann noch ohne Verlust an Leistungsfähigkeit und auf einem durchaus anerkennenswerten Niveau weiterarbeiten. Denn wenn die Verwaltungsangelegenheiten einmal zweckmäßig geregelt sind, dann kann eine solche Schule oder ein Krankenhaus als gut organisiertes Unternehmen fortgeführt werden, ohne daß dazu ein neuer Zufluß geistlichen Lebens erforderlich wäre. Die geistliche Perspektive mag dahin sein, aber das Unternehmen geht endlos weiter. Es ist eine genauso weltliche Angelegenheit geworden wie alle anderen Dinge, die getrennt vom Leben aus Gott aufrechterhalten werden können. Und alle diese Dinge stehen unter dem Ausspruch des Herrn: »Jetzt geht das Gericht über die Welt!«

Wenn ich Sie frage: »Welche Tätigkeit üben Sie aus?«, antworten Sie mir vielleicht: »Ich bin Arzt!« Sie sagen das ohne Nachdenken und sind stolz auf die karitative Natur ihres Berufes. Sie haben nicht den Eindruck, sich in einer gefährlichen Situation zu befinden. Aber wenn ich Ihnen nun sage, daß auch die Medizin ein Teilgebiet des Systems ist, das vom Satan kontrolliert wird, was sagen Sie dann? Wenn Sie mich als Christ ernst nehmen, so geraten Sie in einen Alarmzustand und erwägen vielleicht sogar, Ihren Beruf aufzugeben. Aber nein, bleiben Sie Arzt! Seien Sie jedoch vorsichtig, denn Sie befinden sich auf einem Gebiet, das der Herrschaft des Feindes Gottes untersteht. Und wenn Sie nicht achtgeben, dann können Sie wie jeder andere ein Opfer seiner Anschläge werden.

Das gilt genauso, wenn Sie in der Technik, der Landwirtschaft oder der Verlagsarbeit tätig sind. Hüten Sie sich! Denn auch das sind Dinge der Welt, genauso wie die Leitung eines Vergnügungsunternehmens oder einer Lasterhöhle. Wenn Sie nicht vorsichtig sind, so werden Sie irgendwo in die Fallstricke Satans geraten und die Freiheit verlieren, die Ihnen als Kind Gottes gehört.

Nun werden Sie mich fragen, wie wir vor seinen Fallstricken bewahrt werden können. Manche meinen, sie könnten der Welt entfliehen, indem sie sich der Heiligung und einer erneuten, völligen Hingabe an die Sache Gottes widmeten. Nein, hier hilft nur Rettung! Von Natur aus sind wir alle in dieses satanische System verstrickt, und ohne die Barmherzigkeit des Herrn gibt es kein Entrinnen. All unsre Heiligung hat keine Kraft, uns zu befreien. Für unsre Rettung hängen wir allein von seinem Erbarmen und von seinem Erlösungswerk ab. Nur er kann uns retten, und die Mittel, durch die er das vollbringt, werden das Thema unsres nächsten Kapitels sein. Gott kann uns auf einen Felsen stellen und unsre Füße vor dem Abgleiten bewahren. Mit seiner Hilfe können wir unsre Geschäfte oder unseren Beruf, solange es Ihm wohlgefällt, zu einem Dienst nach seinem Willen gestalten.

Aber ich möchte nochmals wiederholen, daß die natürliche Tendenz aller »Dinge, die in der Welt sind«, fort von Gott ist und hin zum Satan. Manche Werke mögen durch geisterfüllte Persönlichkeiten begonnen worden sein mit einem Ziel, das auf Gott ausgerichtet war. Aber sobald die Zucht des göttlichen Lebens wegfällt, nehmen sie automatisch eine Wende und entwickeln sich in umgekehrter Richtung. Da ist es kein Wunder, daß die Augen Satans auf das Ende der Welt gerichtet sind; denn er erwartet, daß sich dann alle Dinge der Welt ihm zuwenden werden. Schon jetzt und jederzeit bewegen sie sich in seine Richtung, und in der Endzeit werden sie ihr Ziel erreicht haben. Da wir beständig mit irgendeinem Bereich dieses Systems in Berührung kommen, muß uns dieser Gedanke Wachsamkeit gebieten, sonst kann es geschehen, daß wir unbeabsichtigt beim Aufbau des satanischen Reiches behilflich sind.

III.
Eine Welt unter Wasser
Eine Taufpredigt

»Gehet hin in alle Welt und verkündigt das Evangelium der gesamten Schöpfung. Wer glaubt und getauft wird, der soll errettet werden. Wer aber nicht glaubt, der wird verdammt werden!« (Mark. 16, 15. 16).

Für manche von uns mag die Form des zweiten Satzes eine Überraschung sein. Jesus sagte nicht, daß der,

der glaubt und errettet ist, getauft werden soll. Nein, er formulierte es umgekehrt: Wer glaubt und getauft wird, der wird errettet werden. Es ist immer gefährlich, ein Wort, das der Herr gesagt hat, in etwas zu verkehren, was er nicht gesagt hat. Es kommt auf alles, was er sagt, an. Wenn das aber so ist, dann steht fest, daß wir nur durch den Glauben an Ihn und die Taufe errettet werden. Manche werden darüber erstaunt sein. »Was sagen Sie da?« werden sie protestieren. Aber wundern Sie sich nicht, und schelten Sie mich nicht. Nicht *ich* sage das, sondern mein Herr! Er war es, der die Reihenfolge: Glaube, dann Taufe und dann Errettung festgelegt hat. Wir dürfen diese Ordnung nicht umkehren in Glaube, Errettung, Taufe, auch wenn uns das lieber wäre. Was der Herr gesagt hat, muß stehenbleiben. Unsere Aufgabe kann nur sein, aufmerksam darauf zu achten!

(Ich betrachte diese Worte aus Mark. 16, 16 als authentische Worte Jesu, obwohl ich weiß, daß es Kritiker gibt, die dies in Zweifel ziehen. Ich begegnete in einem Dorf einmal einem Schneider namens Cheng. Der hatte sich ein Markusevangelium angeschafft, und als er diese Stelle erreichte, von der die Kritiker behaupten, sie gehöre überhaupt nicht zu diesem Evangelium, kam er zum Glauben und setzte sein Vertrauen auf den Herrn. Es gab an dem Ort keinen Christen, und so konnte ihn niemand taufen. Was sollte er tun? Da las er Vers 20: Gott würde ihm Sein Wort bestätigen. Das genügte ihm. In seiner Einfalt entschloß er sich, eine der Verheißungen aus Vers 18 auszuprobieren. Er besuchte einige seiner kranken Nachbarn. Nach einem Gebet legte er ihnen im Namen Jesu die Hände auf und kehrte nach Hause zurück. Prompt und ausnahmslos, so erzählte er mir, wurden sie gesund. Nachdem sein Glaube auf diese Weise bestätigt worden war, ging er wieder ruhig seinem Schneiderhandwerk nach. Als ich ihm begegnete, war er ein treuer Zeuge seines Herrn. Wenn *er* Gottes Wort ernst nahm, sollte ich es etwa nicht tun?)

Ich wiederhole: »Wer glaubt und getauft wird, der soll errettet werden!« Jetzt werden Sie fragen: »Sie glauben doch wohl nicht an die Wiedergeburt durch die Taufe?« Nein, keineswegs. Der Herr hat ja nicht gesagt: »Glaube und laß dich taufen, so wirst du wiedergeboren werden!« Und weil er das nicht gesagt hat, brauche ich es auch nicht zu glauben. Seine Worte lauten: »Wer glaubt und getauft wird, der *soll errettet werden.*« Ich glaube also an die Errettung durch die Taufe.

Damit erhebt sich natürlich die Frage: Was bedeutet es, wenn diejenigen, die die Ermahnung des Petrus »laßt euch aus diesem verkehrten Geschlecht *erretten*« beherzigten, *getauft wurden?*

Um darauf eine Antwort zu finden, müssen wir uns erst einmal fragen, was das Wort »errettet« bedeutet. Ich fürchte nämlich, daß wir eine ganz falsche Vorstellung von der Errettung haben. Die meisten unter uns glauben nämlich, »Errettung« bedeute lediglich, daß wir aus der Hölle in den Himmel gerettet werden sollen, oder daß wir von unsren Sünden errettet worden sind, um danach ein heiliges Leben zu führen. Aber das stimmt nicht. In der Schrift finden wir, daß die Errettung viel mehr umfaßt. Sie bezieht sich nicht sosehr auf Sünde und Hölle oder Heiligung und Himmel, sondern auf etwas anderes.

Wir wissen, daß jede Gabe, die Gott uns anbietet, dazu bestimmt ist, einem ganz bestimmten Übel zu begegnen und ihm entgegenzuwirken. Er schenkt uns Rechtfertigung, weil es Verdammnis gibt. Er schenkt uns ewiges Leben, weil es Tod gibt. Er bringt uns Errettung — weshalb? Weil es — so werden wir sehen — den *Kosmos*, die Welt gibt.

Was wir als *Kosmos* bezeichnen, steht immer im Gegensatz zu Gott als dem Vater und Schöpfer. Er verfolgte einen ewigen Plan mit der Schöpfung, von der es heißt, daß sie »sehr gut« war, einen Plan, dessen Verwirklichung er noch nicht aufgegeben hat. Schon vor Grundlegung der Welt trug er den Plan in seinem Herzen, nach dem auf Erden eine Ordnung herrschen sollte, an deren Spitze die Menschheit stehen und die den Charakter seines Sohnes völlig offenbaren sollte. Aber der Satan trat dazwischen. Indem er diese Erde als Sprungbrett und den Menschen als sein Werkzeug benutzte, usurpierte er die Schöpfung Gottes, um aus ihr etwas zu machen, dessen Zentrum dann er, der Satan, selbst sein würde und die sein eigenes Bild widerspiegeln sollte. So wurde dies widernatürliche System zu einer Kampfansage gegen den göttlichen Plan.

Deshalb haben wir heute zwischen zwei Welten zu wählen, zwischen zwei Autoritätssphären mit völlig verschiedenem, ja gegensätzlichem Charakter. Für mich geht es also heute nicht nur um die Zukunft im Himmel oder in der Hölle: die Frage ist vielmehr, wie ich mich heute zu diesen beiden Welten verhalte, ob ich einer Ordnung der Dinge angehöre, deren Herr Christus ist, oder der entgegengesetzten Ordnung, deren Haupt der Satan ist. Es handelt sich bei der Errettung also nicht nur um eine Privatangelegenheit, daß mir nämlich die Sünden vergeben sind und ich der Hölle entronnen bin. Es geht vielmehr um das System, das ich verlassen habe. Wenn ich errettet bin, dann habe ich ein ganzes Weltsystem verlassen und bin in ein anderes Weltsystem eingezogen. Ich bin jetzt aus der gesamten Ordnung errettet, die Satan im Widerstand gegen Gottes Plan errichtet hat.

Dieser Bereich, dieser allumfassende *Kosmos*, hat viele verwirrende Aspekte. Natürlich nimmt die Sünde in ihm einen hervorragenden Platz ein, ebenso die »weltlichen Lüste«. Aber einen anderen, nicht geringeren Teil bilden unsre durchaus anerkennenswerten menschlichen Maßstäbe und Methoden. Der menschliche Verstand, seine Kultur, seine Philosophie, alles ist darin eingeschlossen, ebenso wie das Beste aus den sozialen und politischen Ideologien der Menschheit. Dazu kommen die Weltreligionen und unter ihnen jene gesprenkelten Vögel: das weltliche Christentum und seine »Weltkirche«. Überall, wo die Kraft des natürlichen Menschen dominiert, da haben Sie ein Element dieses Systems vor sich, das unter der direkten Inspiration des Satans steht.

Wenn dies die Welt ist, was ist dann die Errettung? Errettung bedeutet, daß ich ihr entrinne. Ich halte meinen Auszug aus diesem allumfassenden *Kosmos*. Mein Herz sucht die Dinge, die Gottes Herz sucht. Sein ewiger Wille in Christus ist nun mein Ziel, und indem ich in diese Ordnung eintrete, werde ich von der anderen befreit.

Wer glaubt und getauft wird, soll errettet werden. Was Jesus sagt, das meint er auch. Ich unternehme diesen Glaubensschritt: Ich glaube und werde getauft und gehe daraus als erretteter Mensch hervor. *Das* ist Errettung! Wir wollen die Taufe also nie als etwas Unwesentliches ansehen. Es hängen gewaltige Dinge von ihr ab. Hier handelt es sich um nichts weniger als um zwei einander heftig bekämpfende Welten und unsre Versetzung von der einen in die andere.

Es gibt in der Schrift noch eine andere Stelle, die Taufe und Errettung miteinander verbindet und eine Erläuterung zu unsrem Thema bringt. Ich meine 1. Petr. 3. Dort berichtet der Apostel, wie »die Langmut Gottes in den Tagen Noahs wartete, während die Arche gebaut wurde, in der wenige, nämlich acht Seelen, durch das Wasser errettet wurden« (Vers 20). Das Wasser, sagt er, ist ein Bild oder ein Gleichnis oder (wie es in der Zürcher Bibelübersetzung heißt) ein Gegenbild von etwas anderem, »das jetzt im Gegenbild auch euch rettet: die Taufe.« Es ist offenbar, daß Petrus so fest an unsre Errettung durch die Taufe glaubt, wie er an die Errettung Noahs durch das Wasser glaubte. Beachten Sie wohl: Ich spreche nicht von der Wiedergeburt, und ich rede auch nicht von der Befreiung aus der Hölle oder von den Sünden. Verstehen Sie recht: Wir sprechen hier von der Errettung. Das ist keine Frage der Formulierung, sondern es geht darum, daß wir prinzipiell vom jetzigen Weltsystem getrennt sind.

Zu einem besseren Verständnis dessen, was Petrus meint, wollen wir uns jetzt seiner Quelle, den Kapiteln sechs bis acht im 1. Buch Mose zuwenden. Die Schilderung dort ist sehr aufschlußreich. Wir finden zur Zeit Noahs eine völlig verdorbene Welt. Ursprünglich von Gott erschaffen, wurde die Erde durch einen Akt des Menschen an dem Tage korrumpiert, an dem er sich selbst dem Satan unterstellte. Die Sünde, einmal eingeführt, hatte sich entwickelt und ausgetobt, bis Gottes Geduld zu Ende war. Da die Dinge in ein Stadium eingetreten waren, in dem an keine Abhilfe mehr zu denken war, konnten sie nur abgeurteilt und beseitigt werden.

Deshalb befahl Gott Noah, eine Arche zu bauen und seine Familie und die Geschöpfe da hinein zu bringen. Und dann kam die Flut. Dadurch wurden sie »von der Erde erhoben« auf die Gewässer, die »alle hohen Berge unter dem ganzen Himmel« bedeckten. Alle Lebewesen, Menschen wie Tiere, gingen zugrunde, und nur die, die in der Arche auf dem Wasser schwammen, wurden errettet. Die entscheidende Tatsache ist weniger, daß sie dem Tod durch Ertrinken entgingen. Nicht darauf kommt es an. Bedeutsam für uns ist, daß sie die einzigen waren, die aus dem korrupten System der

Dinge, dieser Welt unter Wasser, herauskamen. Persönliches Leben ist die unausbleibliche Konsequenz dieses Herauskommens, persönliches Verderben die Folge des Darin-Zurückbleibens. Aber die Errettung liegt in dem Herauskommen selbst, nicht in dessen Auswirkung. Beachten Sie diesen Unterschied, denn er ist wichtig. Errettung ist ihrem Wesen nach der sofortige Auszug aus einer abgeurteilten Ordnung, die dem Satan untersteht.

Gott sei Dank! Sie sind herausgekommen! Wie? Durch die Wasser. Wenn also heute Gläubige getauft werden, so gehen sie symbolisch durchs Wasser, wie Noah in der Arche durch das Wasser der Flut ging. Und dieser Durchgang durch das Wasser bezeichnet ihr Entrinnen aus der Welt, ihren Auszug aus dem Weltsystem, das mit seinem Fürsten unter dem göttlichen Urteil steht. Das möchte ich besonders denen sagen, die heute hier getauft werden! Denken Sie daran, daß Sie nicht allein im Wasser sind. Wenn Sie ins Wasser hinabsteigen, so geht eine ganze Welt mit Ihnen hinunter. Wenn Sie heraufkommen, so kommen Sie in Christus herauf, in der Arche, die auf den Wogen schwimmt. Aber Ihre Welt bleibt hinter Ihnen. Für Sie ist diese Welt untergegangen, ertrunken, wie die des Noah, getötet im Tode Christi, und sie wird nie wieder lebendig werden. Gerade durch die Taufe erklären Sie: »Herr, ich lasse meine Welt zurück! Dein Kreuz trennt mich für immer von ihr!«

Wenn Sie durch das Wasser der Taufe gehen, so wird — bildlich gesprochen — alles, was zu dem früheren Weltsystem gehört, durch dieses Wasser abgespült, um nie wieder zurückzukehren. Sie allein tauchen auf. Sie ziehen in eine andere Welt ein, eine Welt, in der Sie eine Taube und frische Ölblätter vorfinden werden. Sie verlassen die Welt, die unter dem Gericht steht, und kommen in eine Welt, die durch die Erneuerung göttlichen Lebens gekennzeichnet ist.

Ich möchte nochmals betonen: Sie sind nicht allein ins Wasser hinabgestiegen. Ihre Welt ging mit Ihnen hinunter. Und dort bleibt sie. Vom Standpunkt Ihrer neuen Situation aus werden Sie feststellen, daß das Wasser stets die Welt bedeckt, zu der Sie früher gehört haben. Dieselbe Flut, die Noah und seine Familie gerettet hat, ertränkte die Welt, in der sie einst gelebt hatten — genau dieselbe Flut. So trägt dasselbe Wasser Sie und mich auf den festen Grund der Errettung in Christus und begräbt das gesamte satanische System der Dinge unter sich.

Nicht nur Ihre eigene Geschichte als Kind Adams endet in Ihrer Taufe, auch Ihre Welt endet hier. In beiden Fällen ist es Tod und Begräbnis ohne Auferstehung. Es ist ein Ende aller Dinge.

Das bedeutet, daß Sie nichts aus der früheren Welt in die neue mitnehmen können. Was zum früheren Bereich der Dinge in Adam gehörte, bleibt dort und darf nie wieder zurückgerufen werden. Früher waren Sie vielleicht kaufmännischer Angestellter oder Hausangestellte. Oder vielleicht waren Sie der Chef, der Manager oder der Direktor eines Unternehmens. Sie werden auch jetzt noch Chef oder Angestellter sein, aber wenn es sich um geistliche Dinge, um die Kirche Gottes und den Dienst Gottes handelt, dann gibt es weder Knecht noch Freien, weder Arbeitgeber noch Arbeitnehmer. Sie mögen Jude oder Heide sein oder irgend etwas, das in Adam Ruhm oder Schande bedeutet. Wenn Sie durch dies Wasser gehen, dann vergeht dieses Wertsystem und kehrt nie wieder zurück. Statt dessen sehen Sie sich in Christus, wo es weder Juden noch Griechen, weder Barbaren noch Skythen noch sonst etwas gibt, sondern allein den neuen Menschen. Sie sind in eine Weltordnung eingetreten, die durch Ölbäume und Olivenblätter charakterisiert und deren Geheimnis göttliches Leben ist. Der Ausdruck »durch die Auferstehung Jesu Christi« kennzeichnet Ihre ganze Zukunft (1. Petr. 3, 21). Er zeigt, daß Sie in etwas völlig Neues eingetreten sind, das Gott schafft. Einige Kommentatoren meinen, der Name Ararat bedeute »heiliger Boden«. Nun, das mag dahingestellt bleiben: Wir danken Gott, daß die Arche, die sich auf dieser erneuerten Erde niederließ, mit Geschöpfen gefüllt war, die eine neue Schöpfung darstellten. Aus dem Tod Christi läßt Gott eine völlig neue Schöpfung erstehen, und in Vereinigung mit dem auferstandenen Christus führt er den Menschen ein — in Christus Sie und mich!

Nun werden Sie mich fragen, ob es etwas ausmacht, wenn wir nicht getauft sind. Ich kann darauf nur antworten, daß der Herr selbst es befohlen hat (Matth. 28, 19). Und es war ein Schritt, von dem er sich selbst nicht zurückhalten ließ (Matth. 3, 13—15). Petrus charakterisiert die Taufe als eine Bitte an Gott um ein gutes Gewissen oder als ein Zeugnis (Vers 21). Ein Zeugnis ist eine Erklärung. Durch diesen Akt sagen Sie etwas aus, Sie erklären, wo Sie jetzt stehen; vielleicht ohne Worte, aber eindeutig durch das, was Sie tun. Beim Durchschreiten des Wassers verkündigen Sie dem gesamten Universum, daß Sie die Welt hinter sich gelassen haben und in etwas völlig Neues eingetreten sind. Das ist Errettung. Sie erklären öffentlich, wohin Gott Sie in Christus gestellt hat.

Es gibt Stellen in der Schrift, die sich schwer erklären lassen, wenn wir die Errettung ausschließlich zur Hölle oder zu den Sünden in Beziehung setzen. So sind anscheinend die Worte schwer verständlich, die Paulus und Silas an den Gefängnisaufseher in Philippi richteten. Der Mann fragte: »Was soll ich tun, um errettet zu werden?« Was würden Sie darauf antworten? Wenn Sie ein rechter Prediger des Evangeliums in unserer Zeit sind, so werden Sie sicher mit Überzeugung antworten: »Glaube an den Herrn Jesus Christus, und du wirst errettet werden!« Paulus aber fügte tatsächlich hinzu: »Du und dein Haus!« Sie werden einwerfen: »Ja, wollen Sie denn wirklich sagen, wenn ich an den Herrn Jesus glaube, dann wird meine Familie mit gerettet werden?« Nun, wir müssen wieder vorsichtig sein. Paulus sagte nicht: »Glaube an den Herrn Jesus Christus, so wirst du und dein Haus ewiges Leben haben.« Er sagte: »Glaube an den Herrn Jesus Christus, so wirst du *errettet werden*, du und dein Haus!« Bedenken Sie, es geht ihm um ein Weltsystem und darum, daß der Gefängnisaufseher dies System zurückweist und verläßt. Wenn er als Haupt der Familie erklärt, daß er und sein Haus von diesem Tage an dem Herrn dienen werden, und wenn diese Erklärung öffentlich bekannt wird, so werden sogar die Leute auf der Straße mit dem Finger auf seine Tür zeigen und sagen: »Das sind christliche Leute!«

Das bedeutet, gerettet zu sein. Sie erklären, daß Sie zu einem anderen Weltsystem gehören. Die Leute zeigen auf Sie und sagen: »Ja, das ist eine christliche Familie. Sie gehören dem Herrn!« Das ist die Errettung. Gott wünscht, daß Sie durch Ihr öffentliches Zeugnis vor Gott erklären: »Meine Welt ist versunken. Ich bin in eine andere eingetreten.« Schenke uns der Herr diese Art der Errettung, daß wir erleben, wie wir mit allen Wurzeln aus der alten, abgeurteilten Weltordnung herausgerissen und fest in eine neue, göttliche Ordnung eingepflanzt werden.

Denn Gott sei Dank! Unsere Errettung hat auch eine herrliche, positive Seite. Wir sind errettet »durch die Auferstehung Jesu Christi von den Toten«, so fährt Petrus fort, »der zur Rechten Gottes ist, und dem, nachdem er in die Himmel eingegangen ist, Engel, Mächte und Gewalten unterworfen worden sind« (Vers 22). Ein Gott, der das tun kann, ist wohl imstande, auch mich mit Leib und Seele in jenes andere Reich zu bringen. Wir fassen zusammen:

Es gibt zwei Welten. Die eine ist die Welt des Adam, die fest in den Banden Satans gehalten wird. Die andere ist die neue Schöpfung in Christus, das Gebiet, in dem Gottes Heiliger Geist tätig ist. Wie können Sie und ich die eine Sphäre, die des Adam, verlassen und in die andere Sphäre, die des Christus, gelangen? Wenn Sie nicht wissen, was Sie mir darauf antworten sollen, so will ich Ihnen eine andere Frage stellen: Wie sind Sie überhaupt in diese Welt des Adam hineingelangt? Denn der Weg des Eintritts zeigt auch den Ausweg an. Sie sind in die Sphäre des Adam gekommen, indem Sie in Adams Menschheit hineingeboren wurden. Und wie können Sie also herauskommen? Augenscheinlich nur durch den Tod. Und wie können Sie andererseits in die Sphäre Christi gelangen? Die Antwort ist die gleiche: durch die Geburt. Der Weg, der in die Familie Gottes hineinführt, ist die neue Geburt zu einer lebendigen Hoffnung durch die Auferstehung Jesu Christi von den Toten (1. Petr. 1, 3). Wenn wir mit ihm durch die Gleichheit seines Todes vereinigt sind, so sind wir auch mit ihm durch die Gleichheit seiner Auferstehung vereinigt (Röm. 6, 5). Der Tod macht Ihrer Beziehung zur alten Welt ein Ende, und die Auferstehung bringt Sie mit der neuen in lebendige Berührung.

Und was liegt dazwischen? Was ist die Schwelle zwischen diesen beiden Welten? Ist es nicht das Begräbnis? »Deshalb sind wir mit Ihm durch die Taufe in den Tod begraben« (Röm. 6, 4). Einerseits liegt in den Worten »begraben in den Tod« eine erschreckende Endgültigkeit. Meine Geschichte in Adam ist im Tode Christi bereits zu einem Abschluß gekommen, so daß ich von diesem Begräbnis weggehen und sagen muß:

Ich bin ein »erledigter« Mann. Aber ich kann mehr sagen! Denn, Dank sei Gott, es ist genauso wahr, daß es noch eine andere Seite gibt. Da »Christus vom Tode auferweckt worden ist«, kann ich, wenn ich aus dem Wasser aufsteige und weggehe, neues Leben leben (6, 4).

Diese doppelte Wirksamkeit des Kreuzes finden wir auch in den vorhergehenden Worten von Röm. 6, 3: »Wißt ihr nicht, daß wir alle, die wir in Christus Jesus getauft sind, in seinen Tod getauft worden sind?« Hier werden nochmals in einem einzigen Satz die beiden Aspekte der Taufe angedeutet. Erstens sind wir, die wir glauben, »*in Seinen Tod* getauft«. Das ist eine erschütternde Feststellung. Aber ist das alles? Keineswegs! Denn zweitens besagt derselbe Vers, daß wir »*in Christus Jesus* getauft« worden sind. Eine Taufe in den Tod Christi beendet meine Beziehungen zu dieser Welt, aber eine Taufe in den lebendigen Christus Jesus, das Haupt eines neuen Geschlechts, eröffnet mir eine gänzlich neue Welt. Wenn ich in das Wasser hineinsteige, stelle ich dieses Geschehen dar, indem ich öffentlich bestätige, daß das »Gericht dieser Welt« für mich von dem Tage an, da mich der »erhöhte« Sohn des Menschen zu sich gezogen hat, eine Realität geworden ist.

Welch ein Evangelium haben wir der ganzen Schöpfung zu verkündigen!

IV.
Für mich gekreuzigt

»Es sei fern von mir, etwas anderes als das Kreuz unseres Herrn Jesus Christus zu rühmen, durch das für mich die Welt gekreuzigt ist und ich der Welt« (Gal. 6, 14).

Absonderung für Gott, Absonderung von der Welt: das ist das Hauptprinzip des christlichen Lebens. In der Offenbarung Jesu Christi wurden Johannes zwei unversöhnliche Extreme gezeigt, zwei diametral entgegengesetzte Welten. Er wurde zuerst vom Geist in die Wüste gebracht, um Babylon zu sehen, die Mutter der Huren und der Greuel der Erde (17, 3). Dann wurde er vom selben Geist auf einen sehr hohen Berg gebracht, um von dort aus Jerusalem, die neue Stadt, die Braut, das Weib des Lammes, zu schauen (21, 10). Der Gegensatz ist klar und kann kaum deutlicher ausgedrückt werden.

Ob wir ein Moses oder ein Bileam sind, wenn wir die Dinge so sehen wollen wie Gott, dann müssen wir wie Johannes auf einen Berggipfel gestellt werden. Viele können Gottes ewigen Plan nicht erkennen, und wenn sie etwas davon wahrnehmen, dann ist es nicht mehr als eine sterbenslangweilige Doktrin. Warum?

Sie haben sich mit dem Standort in der Wüste zufrieden gegeben. Von der Wüste aus sehen wir immer nur Babylon. Um Gottes neues Jerusalem schauen zu können, bedürfen wir eines andern Standorts. Vom Berg aus offenbart uns Gott »seine Stadt«. Und wenn wir sie einmal erblickt haben, dann werden wir nie wieder die Gleichen sein. Als Christen erwarten wir also alles von einer solchen Standortveränderung und vom Öffnen der Augen. Aber wenn wir das erleben wollen, dann müssen wir bereit sein, unsere genormte Ebene zu verlassen und hinaufzusteigen.

Die Hure Babylon ist stets »die Große Stadt« (16, 19 usw.), wobei der Nachdruck auf »groß« liegt. Die Braut Jerusalem hingegen ist »die heilige Stadt« (21, 2. 10), wobei der Akzent auf ihrer Absonderung für Gott liegt. Sie ist »von Gott« und bereitet »für ihren Mann«. Deshalb besitzt sie die Herrlichkeit Gottes. Das ist etwas, was wir alle erfahren können. Heilig ist nur das in uns, was von Gott stammt und völlig für Christus reserviert ist. Das entspricht der Regel, daß nur das, was im Himmel seinen Ursprung hat, dorthin zurückkehren kann, denn nichts anderes ist heilig. Wenn wir dies Prinzip der Heiligung loslassen, so befinden wir uns sofort in Babylon.

Aus diesem Grunde ist die Mauer das erste Merkmal, das Johannes bei der Beschreibung der Stadt erwähnt. Es gibt auch Tore, durch die das Handeln Gottes nach außen dringen kann, aber die Mauern genießen den Vorrang. Denn, ich wiederhole es, Absonderung ist der erste Grundsatz des christlichen Lebens. Wenn Gott an jenem Tage seine Stadt mit ihren Ausmaßen und mit ihrer Herrlichkeit haben soll, dann müssen wir jetzt schon in den Herzen der Menschen diese Mauer bauen. Das bedeutet in der Praxis, daß wir alles schützen müssen, was vor Gott wertvoll ist, und alles ablehnen und verwerfen müssen, was von Babylon ist. Damit befürworte ich keine Trennung unter den Christen. Wir dürfen unsre Brüder nicht ausschließen, auch wenn wir uns an manchem, was sie tun, nicht beteiligen können. Nein, wir müssen unsre Mitchristen lieben und annehmen. Aber in unsrer grundsätzlichen Absonderung von der Welt dürfen wir uns auf keinen Kompromiß einlassen.

Nur gegen großen Widerstand gelang es Nehemia zu seiner Zeit, die Mauern Jerusalems wiederaufzubauen. Denn der Satan haßt klare Unterscheidungen. Eine Absonderung der Menschen für Gott kann er nicht ertragen. Nehemia und seine Mitarbeiter mußten sich deshalb bewaffnen und legten, zum Kampf gerüstet, Stein auf Stein. Dies ist der Preis der Heiligung, mit dem wir rechnen müssen.

Denn wir müssen unbedingt bauen. Eden war ein Garten ohne Mauer. So hatte der Satan Zutritt. Gott wollte aber, daß Adam und Eva »ihn bewahren« sollten (1. Mose 2, 15), indem sie selber eine sittliche Schranke gegen den Bösen bildeten. Heute verfolgt Gott durch Christus den Plan, im Herzen seines erlösten Volkes ein Eden zu bauen, zu dem — welch ein Triumph — der Satan endlich keinen Zugang mehr haben wird. »Und niemals wird etwas Unreines in sie hineinkommen und niemand, der Greuel und Lüge übt, sondern nur die, die im Lebensbuch des Lammes geschrieben stehen.«

Die meisten unter uns werden zustimmen, daß dem Apostel Paulus eine besondere Offenbarung über die

Gemeinde Gottes anvertraut war. So gab Gott, wie uns scheint, dem Johannes ein besonderes Verständnis für die Natur der Welt. *Kosmos* ist tatsächlich ein »Lieblingswort« des Johannes. Die drei Synoptiker zusammen benutzen das Wort nur fünfzehnmal (Matthäus neun-, Markus und Lukas je dreimal), Paulus in acht Briefen siebenundvierzigmal. Aber bei Johannes kommt das Wort im ganzen 105mal vor, achtundsiebzigmal in seinem Evangelium, vierundzwanzigmal in seinen Briefen und weitere dreimal in der Offenbarung.

In seinem ersten Brief schreibt Johannes: »Alles, was in der Welt ist, die Lust des Fleisches und die Lust der Augen und die Prahlerei des Lebens, ist nicht vom Vater, sondern von der Welt« (2, 16). In diesen Worten, die so deutlich die Versuchung der Eva widerspiegeln (1. Mose 3, 6), definiert Johannes die Dinge der Welt. Alles, was sich als Lust, als primitive Begierde, zusammenfassen läßt, alles, was die Gier erregt, und alles, was uns im Leben hochmütig macht oder in den Bann schlägt, all diese Dinge sind Teil des satanischen Systems. Wir brauchen wohl nicht lange bei der Lust des Fleisches und der Lust der Augen stehenzubleiben. Aber wir wollen uns einen Augenblick das dritte betrachten. Alles, was in uns den Hochmut anstachelt, ist von der Welt. Ruhm, Reichtum, Leistung, all das begeistert die Welt. Mit Recht sind die Menschen stolz auf ihre Erfolge. Aber Johannes bezeichnet alles das, was dies Gefühl des Erfolgs bewirkt, als »von der Welt«.

Bei jedem unserer Erfolge (und wir sollen gewiß keine Versager sein!) sollen wir uns demütig der ihnen innewohnenden Sündhaftigkeit bewußt werden. Denn sooft wir Erfolg haben, sind wir in gewissem Umfang mit dem Weltsystem in Berührung gekommen. Sooft wir über eine Errungenschaft Befriedigung empfinden, müssen wir zugleich erkennen, daß wir mit der Welt in Berührung waren und sind. Wir müssen auch einsehen, daß wir uns damit unter das Gericht Gottes gebracht haben, denn haben wir uns nicht eben klargemacht, daß die ganze Welt unter dem Gericht steht? Diese Tatsache müssen wir recht erfassen, denn wer das erkennt und seine Hilfsbedürftigkeit bekennt, der wird bewahrt. Dieser Bewahrung gilt auch die oft mißverstandene Bemerkung Jesu nach der Rückkehr der erfolgreichen Siebzig (Luk. 10, 17 ff.).

Die Frage ist nur: Wie viele von uns sind sich dieses Tatbestands bewußt? Selbst die von uns, die ihr Leben in der Abgeschlossenheit des eigenen Heimes verbringen, sind ebenso in Gefahr, der Prahlerei des Lebens zu verfallen, wie die, die großen Erfolg in der Öffentlichkeit haben. Eine Frau kann in ihrer einfachen Küche beim Kochen der täglichen Mahlzeiten oder bei der Unterhaltung ihrer Gäste mit der Welt und ihrer Selbstgefälligkeit in Berührung kommen. Jeder Ruhm, der nicht Ruhm Gottes ist, ist Prahlerei, und es ist erstaunlich, welch kümmerliche Erfolge solche Prahlerei hervorrufen können.

Wo immer wir dem Stolz begegnen, da begegnen wir auch der Welt, und da wird sogleich unsere Gemeinschaft mit Gott gestört. Er möge unsre Augen öffnen, damit wir klar erkennen, was die Welt ist. Nicht nur schlechte Dinge, sondern alle Dinge, die uns, wenn auch noch so unmerklich, von Gott abziehen und auf Geschaffenes ausrichten, gehören dem System an, das Gott feindlich ist. Wir müssen also ständig wachsam sein und beten, wenn wir in der Gemeinschaft mit Gott bleiben wollen.

Wie können wir nun dieser Falle entgehen, die der Teufel Gottes Volk gestellt hat? Zunächst möchte ich mit allem Nachdruck betonen, daß Weglaufen keine Lösung ist. Manche meinen, sie könnten der Welt entfliehen, indem sie versuchten, sich der weltlichen Dinge zu enthalten. Das ist Torheit. Wie könnten wir je dem Weltsystem durch etwas entrinnen, das schließlich auch nur eine weltliche Methode ist? Denken Sie nur an die Worte Jesu in Matth. 11, 18. 19: »Johannes kam, der aß und trank nicht. Da sagten sie: ›Er hat einen Dämon!‹ Der Menschensohn kam, der aß und trank. Da sagten sie: ›Hütet euch! Er ist ein Schlemmer und Weinsäufer, ein Freund der Zöllner und Sünder!‹« Manche meinen, Johannes der Täufer biete uns ein Rezept an, wie wir der Welt entrinnen können. Aber Nicht-Essen und Nicht-Trinken machen noch keine Christen aus uns. Christus kam und aß und trank, und *er ist* Christentum! Der Apostel Paulus beschreibt die »Satzungen der Welt« als: »Faß das nicht an! Koste das nicht! Rühre das nicht an!« (Kol. 2, 20. 21). Abstinenz ist also schlechthin weltlich und nichts mehr. Aber wie kann man auch hoffen, dem Weltsystem mit Hilfe weltlicher Satzungen zu entrinnen? Dennoch verzichten viele ernste Christen auf alle Arten weltlichen Vergnügens und hoffen, dadurch von der Welt erlöst zu werden. Sie können sich wie ein Einsiedler an einem entlegenen Ort eine Hütte bauen und sich einbilden, der Welt durch Rückzug zu entrinnen. Aber wie ein Hund wird die Welt Ihre Spur aufnehmen und Ihnen folgen. Sie wird Sie finden, ganz gleich, wo Sie sich versteckt haben.

Unsre Erlösung von der Welt beginnt nicht damit, daß wir dies oder jenes aufgeben, sondern indem wir aus Gottes Perspektive sehen, daß »diese Welt« unter dem Todesurteil steht. In dem Bild, mit dem wir dies Kapitel eröffneten, heißt es: »Gefallen, gefallen ist Babylon, die Große!« (Offb. 18, 2). Nun wird ein Todesurteil immer über einen Lebenden und nie über einen Toten ausgesprochen. Und in gewissem Sinn ist die Welt heute eine lebende Macht, die schonungslos alle verfolgt und aufspürt, die ihr unterworfen sind. Aber wenn auch beim Zeitpunkt des Urteils der Tod noch in der Zukunft liegt, so ist er trotzdem sicher. Wer zum Tode verurteilt ist, hat außerhalb der engen Grenzen seiner Zelle keine Zukunft. So hat auch die Welt, die unter dem Urteil steht, keine Zukunft. Das Weltsystem ist noch nicht liquidiert. Aber seine Liquidation ist eine beschlossene Sache, und Gott hat den Zeitpunkt schon festgesetzt. Das müssen wir unbedingt festhalten.

Wer die Erlösung von der Welt in der Askese sucht und wie der Täufer nicht essen und trinken will, der kann Buddhist werden. Als Christen essen und trinken wir, sind uns aber dabei bewußt, daß Essen und Trinken zur Welt gehören und mit ihr dem Todesurteil unterworfen sind. Indem wir uns dessen bewußt werden, geraten wir nicht in ihre Gewalt.

Stellen wir uns einmal vor, die Stadtverwaltung von Schanghai beschlösse die Auflösung der Schule, an der Sie beschäftigt sind. Sobald Sie das erfahren, ist Ihnen klar, daß Sie an dieser Schule keine Zukunft mehr haben. Zwar werden Sie Ihre Arbeit noch eine gewisse Zeit fortsetzen, aber Sie werden dort nichts mehr für die Zukunft aufbauen. Ihre Einstellung zu der Schule ändert sich schlagartig, wenn Sie hören, daß sie geschlossen wird. Oder nehmen wir ein anderes Beispiel. Die Regierung verfügt die Schließung einer bestimmten Bank. Werden Sie sich da beeilen, erhebliche Beträge dort einzuzahlen, um die Bank vor dem Zusammenbruch zu bewahren? Keinen Pfennig mehr werden Sie dort deponieren, nachdem Sie erfahren haben, daß die Bank keine Zukunft hat. Sie legen nichts bei ihr an, weil Sie nichts von ihr zu erwarten haben.

Wir können mit Recht sagen, daß die »Schließung« der Welt feststeht. Babylon fiel, als ihre Streiter Krieg führten mit dem Lamm und als er, der Herr aller Herren und König aller Könige, Babylon durch seinen Tod und durch seine Auferstehung überwand (Offb. 17, 14). Die Welt hat keine Zukunft.

Die Offenbarung des Kreuzes Christi zeigt uns, daß alles, was zur Welt gehört, unter dem Todesurteil steht. Wir leben weiter in der Welt und benutzen dabei die Dinge dieser Welt, aber wir können damit keine Zukunft bauen, weil das Kreuz all unsre Hoffnung darauf zerstört hat. Das Kreuz unsers Herrn Jesus Christus, so dürfen wir in Wahrheit sagen, hat unsre Aussichten in der Welt ruiniert.

Es gibt keinen wirksamen Weg zur Errettung von der Welt, der nicht in einer solchen Erkenntnis seinen Anfang nimmt. Wir brauchen nur zu versuchen, uns der Welt durch Flucht zu entziehen, um zu entdecken, wie sehr wir sie lieben und wie sehr sie uns liebt. Wir mögen fliehen, wohin wir wollen, um ihr zu entgehen, mit Sicherheit wird sie uns aufspüren. Aber wir verlieren unsere ganze Abhängigkeit von der Welt, und sie verliert ihre Herrschaft über uns, wenn wir erkennen, daß die Welt verurteilt ist. Diese Erkenntnis befreit uns automatisch aus Satans Weltordnung.

Am Schluß seines Briefes an die Galater stellt Paulus dies ganz klar heraus: »Es sei fern von mir, etwas anderes als das Kreuz unseres Herrn Jesus Christus zu rühmen, durch das für mich die Welt gekreuzigt ist und ich für die Welt« (6, 14). Ist Ihnen in diesem Vers etwas aufgefallen? Im Hinblick auf die Welt spricht er in zwei Aspekten vom Werk des Kreuzes, auf die wir schon in unserm letzten Kapitel hingewiesen haben. »Ich bin der Welt gekreuzigt worden«, ist eine Erklärung, die ganz gut zu dem Verständnis des »Mit-Christus-gekreuzigt-seins« paßt, wie es in Röm. 6 beschrieben ist. Aber hier wird außerdem gesagt, daß »für mich die Welt gekreuzigt ist«. Wenn Gott Ihnen und mir das vollbrachte Werk Christi offenbart, so zeigt er uns nicht nur, daß wir selbst dort am Kreuz hängen. Er zeigt uns auch, daß unsre Welt dort hängt. Wenn Sie und ich dem Gericht des Kreuzes nicht entrinnen können, dann kann auch die Welt dem Gericht des Kreuzes nicht entrinnen. Habe ich das wirklich recht erkannt? Das ist die Frage. Wenn ich es einsehe, dann werde ich nicht versuchen, eine Welt, die ich liebhabe, abzulehnen. Ich sehe ja, daß das Kreuz sie abgelehnt *hat*. Ich versuche nicht, einer Welt zu entrinnen, die sich an mich klammert. Ich erkenne, daß ich ihr durch das Kreuz bereits entronnen *bin*.

Wie so vieles andere im Leben eines Christen ist die Art der Befreiung von der Welt für die meisten von uns überraschend, denn sie widerspricht dem Konzept des natürlichen Menschen. Der Mensch versucht, das Problem der Welt dadurch zu lösen, daß er sich physisch aus allem zurückzieht, was er als Gefahrenzone betrachtet. Aber diese physische Trennung führt nicht zu einer geistlichen Trennung. Genauso braucht der physische Kontakt mit der Welt nicht unbedingt zu einer geistlichen Gefangennahme durch die Welt zu führen. Geistliche Gebundenheit an die Welt ist die Frucht geistlicher Blindheit; und Befreiung erfahren wir, wenn uns die Augen aufgetan werden. Wie eng unser äußerer Kontakt mit der Welt auch sein mag, wir sind von ihrer Macht befreit, wenn wir ihre wahre Natur erkennen. Der wesentliche Charakter der Welt ist satanisch. Sie lebt in Feindschaft mit Gott. Wer das erkennt, der findet Befreiung.

Ich möchte Sie fragen: Welchen Beruf üben Sie aus? Sind Sie Kaufmann? Sind Sie Arzt? Lassen Sie Ihren Beruf nicht im Stich. Aber schreiben Sie sich auf: Der Handel steht unter dem Todesurteil! Die medizinische Wissenschaft steht unter dem Todesurteil! Wenn Sie sich das stets vor Augen halten, dann wird sich Ihr Leben ändern. Inmitten einer Welt, die wegen ihrer Feindschaft gegen Gott unter dem Gericht steht, werden Sie erfahren, was es bedeutet, als ein Mensch zu leben, der Gott in Wahrheit fürchtet und liebt.

V.
Trennung

»Ihr seid von unten, ich bin von oben. Ihr seid von dieser Welt; ich bin nicht von dieser Welt!« (Joh. 8, 23).

Ich möchte Sie bitten, besonders das Wörtchen »von« zu beachten. Das griechische Wort dafür ist *ek*. Es bedeutet »aus heraus« und schließt den Ursprung ein. *Ek tou kosmou* steht hier, also »zur Welt gehörend« oder »aus dieser Welt stammend«. So ist der Sinn dieser Stelle: Euer Ursprungsort ist unten, mein Ursprungsort ist oben. Euer Ursprungsort ist diese Welt; mein Ursprungsort ist nicht diese Welt. Die Frage ist also nicht: »Sind Sie ein guter oder ein schlechter Mensch?« sondern: »Was ist Ihr Ursprungsort?« Wir fragen nicht: »Ist diese Sache richtig oder falsch?« sondern: »Wo hat sie ihren Ursprung?« Es ist der Ursprung, der über alles entscheidet. »Was vom Fleisch geboren ist, das ist Fleisch; was vom Geist geboren ist, das ist Geist« (Joh. 3, 6).

Wenn sich Jesus an seine Jünger wendet, so kann er unter Benutzung dieser griechischen Präposition sagen: »Wenn ihr von der Welt (*ek tou kosmou*) wäret, so würde die Welt das Ihre liebhaben, aber weil ihr nicht von der Welt seid, sondern ich euch aus der Welt erwählt habe, deshalb haßt euch die Welt« (Joh. 15, 19). Hier haben wir denselben Ausdruck »nicht von der Welt«, aber es wird noch ein anderer und stärkerer Ausdruck hinzugefügt: »Ich habe euch aus der Welt erwählt.« Wie im Vorhergehenden steht auch hier ein *ek* »aus heraus«. Dazu kommt aber in dem Wort *eklego*, »auserwählen«, noch ein weiteres *ek*. Jesus sagt also, daß er seine Jünger »aus der Welt heraus auserwählt« hat.

Im Leben eines jeden Gläubigen gibt es dieses doppelte *ek*. Aus der riesigen Weltordnung, die *Kosmos* genannt wird, aus der großen Masse der Individuen, die zu ihm gehören und darin verwickelt sind, aus all dem hat Gott uns herausgerufen. Daher trägt die Kirche den Titel *Ekklesia*, Gottes »Herausgerufene«. Aus der Mitte des großen *Kosmos* ruft Gott hier einen und dort einen, und alle, die er ruft, die ruft er heraus. Es gibt gar keinen Ruf Gottes, der nicht zugleich ein Ruf »heraus aus« der Welt wäre. Die Kirche ist eine *Ekklesia*. Nach der Absicht Gottes gibt es keine *Klesia*, bei der das *ek* fehlt.

Wenn Sie ein Berufener sind, so sind Sie ein Herausgerufener. Wenn Gott Sie schon gerufen hat, so hat er Sie zu einem geistlichen Leben außerhalb des Weltsystems gerufen. Ursprünglich befanden wir uns in diesem ausweglosen satanischen System. Aber wir wurden gerufen, und dieser Ruf hat uns herausgebracht. Zugegeben, diese Feststellung ist negativer Art, aber unsere Situation hat auch einen positiven Aspekt; denn als Kinder Gottes haben wir zwei Titel, die vom jeweiligen Standpunkt abhängen. Im Blick auf unsre frühere Geschichte sind wir *Ekklesia*, die herausgerufene Gemeinde. Im Blick auf unser gegenwärtiges Leben in Gott sind wir der Leib Christi, die irdische Erscheinungsform dessen, der im Himmel ist. Als Erwählte sind wir »heraus aus« der Welt; aber als Wiedergeborene stammen wir überhaupt nicht von der Welt, sondern von oben. Einerseits sind wir ein erwähltes Volk, das berufen und aus diesem Weltsystem befreit ist. Andererseits sind wir ein wiedergeborenes Volk, das gar keine Beziehung zu diesem System hat, weil wir durch den Geist von oben her geboren sind. So sieht Johannes die heilige Stadt »aus dem Himmel von Gott« (Offb. 21, 10) herabkommen. Als Volk Gottes ist der Himmel nicht nur unser Ziel, sondern auch unser Ursprung.

Das ist eine erstaunliche Tatsache, daß in Ihnen und in mir ein Element ist, das seinem Wesen nach »außerweltlich«, »jenseitig« ist. Es ist in der Tat so außerweltlich, daß die Welt niemals einen Schritt in diese Richtung machen kann, wie groß ihre Fortschritte sonst auch immer sein mögen. Das Leben, das wir als

Gabe Gottes besitzen, kam vom Himmel und war zuvor überhaupt nicht in der Welt. Es hat keine Beziehung zur Welt, aber eine vollkommene Beziehung zum Himmel. Und obwohl wir uns täglich mit der Welt einlassen müssen, so können wir auf Grund dieses neuen Lebens dort niemals heimisch werden.

Wir wollen jetzt kurz die göttliche Gabe, dieses Leben aus Christus, das im Herzen der Wiedergeborenen wohnt, betrachten. Der Apostel Paulus hat uns viel darüber zu sagen. An einer Stelle im 1. Korintherbrief macht er eine überraschende zweifache Feststellung: a) *Gott* selbst *hat uns in Christus versetzt*, und b) Christus »*ist für uns von Gott zur Gerechtigkeit, zur Heiligung und zur Erlösung gemacht worden*« (1, 30). Hier werden aus der Fülle der menschlichen Bedürfnisse, denen Gott in seinem Sohn begegnet, einige aufgezählt. An anderer Stelle* haben wir gezeigt, daß Gott uns diese Eigenschaften der Gerechtigkeit, der Heiligung usw. nicht in Portionen austeilt, »damit wir mit dieser Zuteilung wieder eine Weile arbeiten können«. Nein, er schenkt uns in Christus eine umfassende Antwort auf alle unsre Bedürfnisse. Er macht seinen Sohn zu meiner Gerechtigkeit und zu meiner Heiligung und zu allem, was mir sonst noch fehlt, weil er mich schon in den gekreuzigten und auferstandenen Christus versetzt hat.

Nun möchte ich Ihre Aufmerksamkeit auf das zuletzt genannte Wort »Erlösung« richten. Denn die Er-

---

* *Das normale Christenleben*, 1966, S. 87.

lösung hat sehr viel mit der Welt zu tun. Die Israeliten — Sie erinnern sich — wurden aus Ägypten »erlöst«, dem Land, das damals für sie die ganze bekannte Welt bedeutete und das für uns ein Bild »dieser Welt« ist, die unter der Herrschaft des Satans steht. »Ich bin Jahwe«, sprach Gott zu Israel, »und ich will euch mit meinem ausgestreckten Arm erlösen.« So führte Gott sie heraus und setzte eine Schranke des Gerichts zwischen sie und Pharaos Heere, die sie verfolgten, so daß Moses Israel als »das Volk, das du erlöst hast«, besingen konnte (2. Mose 6, 6; 15, 13).

In diesem Lichte wollen wir uns nun mit der doppelten Feststellung des Paulus befassen. Wenn a) *Gott uns in Christus versetzt hat,* so sind wir gänzlich aus der Welt heraus, denn Christus ist gänzlich aus der Welt heraus. Er ist jetzt unsere Lebenssphäre, und wenn wir in IHM sind, so sind wir aus der Sphäre »dieser Welt« heraus: Der Vater »hat uns aus der Macht der Finsternis befreit und in das Reich seines lieben Sohnes versetzt, in *dem wir die Erlösung haben*« (Kol. 1, 13. 14). Diese Versetzung war das Thema, über das wir in den beiden vorangegangenen Kapiteln gesprochen haben.

Und weiter, b) *»Christus ist uns zur Erlösung gemacht«* — das bedeutet doch, daß Gott Christus *in uns* als Barriere zum Widerstand gegen die Welt aufgerichtet hat. Ich bin vielen jungen Christen begegnet, die sich abmühten, der Welt zu widerstehen. Sie versuchten irgendwie ein unweltliches Leben zu führen. Das war eine harte Aufgabe. Und außerdem sind solche Bemühungen natürlich völlig unnötig. Denn durch Jesu völliges »Anderssein« ist er unsere Mauer gegen die Welt, und wir haben nichts anderes mehr nötig. Wir brauchen für unsre Erlösung nichts zu tun, ebensowenig wie das Volk Israel etwas zu seiner Erlösung getan hat. Sie vertrauten einfach dem Arm Gottes, der zu ihrer Erlösung ausgestreckt war. Christus *ist uns zur Erlösung gemacht.* In meinem Herzen ist eine Mauer, eine Schranke zwischen mir und der Welt errichtet, die Schranke eines andersartigen Lebens, nämlich des Lebens meines Herrn selbst, und Gott selbst hat diese Schranke dort aufgerichtet. Christus ist die Ursache, daß die Welt mich nicht erreichen kann.

Weshalb soll ich also versuchen, dem Weltsystem zu widerstehen oder zu entfliehen? Wenn ich etwas in mir suche, das mir helfen könnte, der Welt entgegenzutreten und sie zu überwinden, dann erlebe ich sofort, wie alles in mir *nach* dieser Welt schreit. Während ich versuche, mich von ihr zu befreien, verstricke ich mich nur immer mehr in sie. Aber an dem Tag, an dem ich erkenne, daß Christus in mir meine Erlösung ist und daß ich in ihm gänzlich »draußen« *bin*, an dem Tag ist dann mein verzweifelter Kampf zu Ende. Ich sage ihm einfach, daß ich nichts an diesem »Weltproblem« ändern kann. Dann danke ich ihm von ganzem Herzen, daß er mein Erlöser ist.

Auf die Gefahr hin, monoton zu werden, sage ich es noch einmal: Der Charakter der Welt ist völlig verschieden von dem geistgewirkten Leben, das wir von Gott empfangen haben. Und dieses von Gott geschenkte Leben ist der eigentliche Grund, warum uns die Welt haßt. Denn gegen das, was von ihrer eigenen Art ist, hegt sie keinen Haß. Dieser radikale Unterschied macht es der Welt unmöglich, uns zu lieben. »Wenn ihr von der Welt wäret, so würde die Welt ihr Eigenes lieben. Aber weil ihr nicht von der Welt seid — denn ich habe euch aus der Welt erwählt — haßt euch die Welt!«

Begegnen wir der Welt in natürlicher menschlicher Aufrichtigkeit und Anständigkeit, so weiß sie das zu schätzen und ist bereit, uns zu respektieren und uns zu vertrauen. Aber sobald sie das in uns erlebt, was nicht von uns selbst ist, nämlich die göttliche Natur, deren wir teilhaftig geworden sind, so regt sich sofort ihre Feindseligkeit. Zeigen Sie der Welt die Früchte des Christentums, und sie wird begeistert sein; zeigen Sie ihr das Christentum selbst, und sie wird dagegen Sturm laufen. Denn die Welt mag sich entwickeln wie sie will, sie wird nie einen einzigen Christen hervorbringen. Sie kann christliche Ehrlichkeit, christliche Höflichkeit, christliche Barmherzigkeit imitieren. Ja, das kann sie. Es kann ihr aber nichts daran gelegen sein, einen einzigen Christen zu produzieren. Eine sogenannte christliche Zivilisation erwirbt sich die Anerkennung und den Respekt der Welt. Die kann die Welt tolerieren, ja sie kann sie übernehmen und für ihre Zwecke nutzbar machen. Aber christliches Leben, das Leben Christi in einem Gläubigen, das haßt sie, und wo immer sie ihm begegnet, da wird sie es bis aufs Blut bekämpfen.

Die christliche Zivilisation ist das Resultat des Versuches, die Welt mit Christus in Einklang zu bringen. Im Alten Testament sind Moab und Ammon die Repräsentanten eines solchen Versuchs. Sie sind die indirekte Frucht der Verstrickung und des Kompromisses, den Lot mit Sodom schloß. Aber weder Moab noch Ammon blieben in ihrer Feindschaft gegen Israel hinter den heidnischen Völkern zurück. Die christliche Zivilisation zeigt, daß sie sich mit der Welt vermischen kann, und in Krisenzeiten hat sie oft die Partei der Welt ergriffen. Es gibt aber etwas, das auf ewig von der Welt getrennt ist und sich nie mit ihr vermischen kann, und das ist das Leben Christi. Diese beiden Pole bilden einen Gegensatz, der nicht überbrückt werden kann. Zwischen dem besten Vertreter der menschlichen Natur, den die Welt hervorbringen kann, und selbst dem unbedeutendsten Christen gibt es keine gemeinsame Basis und deshalb keine Grundlage für einen Vergleich. Denn natürliche Güte ist etwas, das wir anlagemäßig bei der Geburt mitbekommen, und sie kann durch unsre eigenen Kräfte auf natürlichem Weg entwickelt werden. Aber geistliche Güte ist, um mit Johannes zu reden, »von Gott gezeugt« (1. Joh. 5, 4).

Gott hat in der Welt eine umfassende Gemeinde gebaut und an vielen Stellen Ortsgemeinden gepflanzt. Ich sage, Gott hat das getan. Es wäre deshalb unvernünftig zu erwarten, daß seine Art, uns von der Welt zu befreien, in einer physischen Absonderung bestehe. Aber nun sind manche aufrichtige Christen vom Gedanken an eine Absorption beunruhigt. Wenn Gott eine Ortsgemeinde pflanzt, kann sie dann eines Tages nicht wieder in der Welt aufgehen?

Nun, das ist natürlich für den lebendigen Gott kein Problem. Da ja die Gemeinde ihren Ursprung nicht in der Welt hat, so gibt es in der Familie Gottes keinerlei Übereinstimmung mit der Welt und mithin auch keine Möglichkeit, daß sie von der Welt absorbiert wird. Das ist allerdings nicht Verdienst seiner Kinder. Die Gemeinde ist ja nicht deshalb himmlisch, weil wir so sehr danach verlangen, himmlisch zu sein, sondern weil wir aus dem Himmel geboren sind. Wir brauchen uns nicht den Weg dorthin zu bahnen, weil wir ohnehin himmlischen Ursprungs sind. Und wir brauchen uns deshalb auch nicht zu bemühen, physisch diese Welt zu meiden.

Wie könnte sich etwas mit der Welt vermischen, das unweltlich ist? Alles, was von der Welt ist, das ist toter Staub. Aber alles, was von Gott ist, das besitzt die wunderbare Qualität göttlichen Lebens. Einige unsrer Brüder waren nach einem Bombenangriff der Japaner auf Nanking mit Rettungsarbeiten beschäftigt. Als sie vor einem völlig zerstörten Haus standen und nicht wußten, was sie anfangen sollten, bemerkten sie plötzlich eine gewaltsame Bewegung unter Mauerresten und Balken. Ein Mann kam zum Vorschein. Er schüttelte sich den Staub aus den Kleidern. Dann richtete er sich mühsam auf. Die zerbrochenen Balken und Dachsparren fielen hinter ihm auf ihren alten Platz zurück, und der Staub setzte sich. Der Mann aber ging lebend davon. Solange Leben da ist, was soll man da eine Vermischung fürchten?

Das Gebet Jesu zu seinem Vater, das Johannes in Kapitel 17 überliefert, enthält eine sehr beachtliche Bitte. Nachdem der Herr die Erklärung wiederholt hat, daß »die Welt sie haßt, weil sie nicht von der Welt sind, ebenso wie ich nicht von der Welt bin«, fährt er fort: »Ich bitte nicht, daß du sie aus (*ek*) der Welt nimmst, sondern, daß du sie vor (*ek*) dem Bösen bewahrst« (Vers 14 u. 15).

Wir haben hier ein wichtiges Prinzip vor uns, das uns im nächsten Kapitel beschäftigen wird. Christen nehmen einen lebenswichtigen Platz in der Welt ein. Sie sind zwar vom Bösen und seinem System errettet worden, sind aber noch nicht aus seinem Gebiet entfernt. Sie haben hier eine Aufgabe zu erfüllen, die sie unentbehrlich macht. Religiöse Leute haben — wie wir sahen — versucht, die Welt dadurch zu überwinden, daß sie sie verließen. Als Christen kann dies keineswegs unsre Einstellung sein. Gerade hier ist der Platz, an dem wir zum Überwinden berufen sind. Obwohl unser Ursprung nicht die Welt ist, nehmen wir mit Freude die Tatsache an, daß Gott uns in sie hineingestellt hat. Diese Trennung, die Gott uns in Christus schenkt, ist die einzige Sicherung, die wir nötig haben.

VI.
Lichter in der Welt

Ohne Furcht vor Widerspruch konnte Jesus sagen: »Ich bin das Licht der Welt« (Joh. 8, 12). Sein Anspruch verwundert uns nicht. *Was* uns aber verwundert, ist, daß er damals von den Jüngern — und analog damit auch von uns — sagen konnte: »*Ihr* seid das Licht der Welt« (Matth. 5, 14). Er ermahnt uns nicht, dies Licht zu sein. Er stellt einfach fest, daß wir das Licht der Welt *sind*, ganz gleich, ob wir unser Licht an einen Platz bringen, wo es die Leute sehen können, oder ob wir es vor ihnen verbergen. Das uns eingepflanzte göttliche Leben, das der Umwelt so völlig fremd erscheint, ist eine Lichtquelle, die den Menschen den wahren Charakter der Welt erhellt, indem sie die ihr innewohnende Finsternis durch den Kontrast besonders deutlich herausstellt. Dementsprechend fährt Jesus fort: »So laßt euer Licht vor den Leuten leuchten, damit sie eure guten Werke sehen und euren Vater im Himmel preisen.« Das zeigt doch, daß Gott keineswegs verherrlicht wird, wenn wir der Welt das einzige Licht wegnehmen, das sie überhaupt besitzt, indem wir uns von ihr zurückziehen. Vielmehr würde dadurch seine Absicht mit uns und der Menschheit durchkreuzt.

Es ist wahr, die Laufbahn des Johannes war ganz anders, wie wir ja schon gesehen haben. Er zog sich tatsächlich aus der Welt zurück, um an wüsten Orten ein karges Dasein zu fristen und sich von wildem Honig und Heuschrecken zu nähren. Die Leute gingen hinaus. Sie suchten ihn auf, denn er war auch dort ein brennendes, scheinendes Licht. Aber wir werden daran erinnert, daß »er nicht das Licht war«. Sein Zeugnis war das letzte und größte der alten prophetischen Ordnung, und zwar deshalb, weil es nach vorn wies, hin auf Jesus. Er allein war »das wahrhaftige Licht, das jeden Menschen erleuchtet, der in die Welt kommt«. Und er war gewiß »in der Welt«, nicht außerhalb von ihr (Joh. 1, 9. 10). Von ihm leitet sich das Christentum her. Gott kann einen Johannes als Rufer in der Wüste gebrauchen. Aber es war nie seine Absicht, daß seine Kirche eine exklusive Gemeinschaft sein sollte, die nach dem Prinzip der Abstinenz lebt.

Wir haben schon früher gesehen, daß die Abstinenz — »faß nicht an, koste nicht, berühre nicht« — einfach ein Element des Weltsystems und als solches suspekt ist (Kol. 2, 21). Aber wir müssen noch einen Schritt weitergehen, und dabei kommt uns wieder der Apostel Paulus zu Hilfe. Im Römerbrief (14, 17) zeigt er, daß es im Leben des Christen nicht darum geht, was wir tun oder lassen sollen. »Das Reich Gottes ist weder Essen noch Trinken«, — das heißt, man kann es in solchen Kategorien überhaupt nicht verstehen —, sondern es ist »Gerechtigkeit, Frieden und Freude im Heiligen Geist«, die sich auf ein ganz anderes Gebiet beziehen. Nicht nach Regeln, die vorschreiben, wieweit er sich mit den Menschen einlassen darf, lebt der Christ; nicht dadurch wird er geleitet, sondern durch die Eigenschaften, die ihm Gottes Geist vermittelt.

Gerechtigkeit, Frieden und Freude im Heiligen Geist! Vielleicht ist es gut, wenn wir einen Augenblick unsre Aufmerksamkeit auf die zweite dieser Eigenschaften richten. Denn Frieden, so sehen wir, ist ein mächtiger Faktor in der Antwort des Vaters auf das Gebet des Sohnes, mit der Bitte, daß Gott uns vor dem Bösen bewahre (Joh. 17, 15).

In Gott selbst ist Frieden, eine tiefe Gelassenheit des Geistes, die ihn inmitten unsäglicher Konflikte und Widersprüche ruhig und gelassen bleiben läßt. »In der Welt habt ihr Angst«, sagt Jesus, aber »in mir sollt ihr Frieden haben« (Joh. 16, 33). Wie leicht geraten wir in Verlegenheit, wenn etwas schiefgeht. Halten wir dann je inne um zu bedenken, was dem großen Vorsatz, den Gott in seinem Herzen trug, entgegen steht? Gott, der Licht ist, ließ das Licht aus der Finsternis hervorleuchten und wollte diese Welt zum Schauplatz seines ewigen Planes machen. Da mischte sich der Satan ein, um Gottes Absichten zu durchkreuzen, und die Menschen liebten die Finsternis mehr als das Licht. Trotz dieses Rückschlages, dessen Folgen wir viel zu wenig bedenken, bewahrt Gott in sich einen unerschütterlichen Frieden. Es ist dieser Frieden Gottes, von dem Paulus sagt, daß er unsre Herzen und Sinne in Christus Jesus mit einem Schutzwall und einer Wacht umgibt (Phil. 4, 7; Zink).

Was ist das denn für ein Schutzwall? Der Ausdruck bedeutet, daß mein Feind an den Toren erst mit einer bewaffneten Wache kämpfen muß, ehe er mich erreichen und anrühren kann. Deshalb kann ich so gelassen sein wie Gott selbst. Denn der Frieden, den Gott hat, der bleibt auch in mir. Das ist etwas, von dem die Welt nichts weiß. »Frieden lasse ich euch. Meinen Frieden gebe ich euch. Nicht wie die Welt gibt, gebe ich euch« (Joh. 14, 27).

Wie wenig haben die Menschen doch Jesus verstanden! Was er auch tat, alles war falsch in ihren Augen. Denn das Licht, das in ihnen war, war Finsternis. Sie wagten es sogar, den Geist, der in ihm war, mit Beelzebub, dem Dämonenfürsten, zu identifizieren; und als sie ihm Schwelgerei und Trunksucht vorwarfen, war seine Antwort: »Vater, ich danke dir« (Matth. 11, 19. 25). Er blieb unerschütterlich, weil er in Gottes Frieden ruhte.

Oder denken wir an die letzte Nacht vor seiner Passion. Alles schien zu scheitern: Ein Freund ging hinaus in die Nacht, um ihn zu verraten. Ein anderer zog im Zorn das Schwert. Seine Leute versteckten sich oder rannten davon, um sich in Sicherheit zu bringen. Aber inmitten dieses Aufruhrs sprach Jesus voller Frieden und Ruhe zu denen, die gekommen waren, um ihn gefangenzunehmen: »Ich bin es!« Nicht *er* war nervös, sondern sie waren es, die zitterten und zu Boden fielen. Diese Erfahrung hat sich bei den Märtyrern aller Zeiten immer wiederholt. Man konnte sie quälen oder verbrennen, aber weil sie Gottes Frieden besaßen, mußten sich die Zuschauer über ihre Würde und Gelassenheit wundern. Deshalb sind wir nicht erstaunt, wenn Paulus von diesem Frieden schreibt, er übersteige den Verstand.

Jesus unterscheidet zwischen »in der Welt«, in der wir Angst haben, und »in mir«, in dem wir Frieden haben. Wenn Gott uns in das eine hineingestellt hat, wo wir durch Anforderungen und Bedürfnisse bedrängt werden, so versetzt er uns auch in dies »andere«, wo er uns inmitten aller Dinge unerschütterlich bei sich behält. Jesus fragte einmal: »Wer hat mich angerührt?« Er bemerkte in Kapernaum das gläubige Anrühren eines einzelnen aus der Menschenmenge. Das entsprach seinem eigenen Herzen, das voller Mitleid war. Aber das ungeduldige Getümmel der Volksmasse hatte keinen Einfluß auf ihn. »Nicht wie die Welt gibt, gebe ich euch!« Im Alltagsleben werden wir von der Welt hin- und hergestoßen. Aber das Leben des Geistes bleibt unter weltlichem Druck unerschütterlich.

»Gerechtigkeit, Frieden und Freude«, das sind die Dinge, um die es im Reich Gottes geht. Deshalb wollen wir uns nie in den alten Bereich des »Essens und Trinkens« entführen lassen. Denn uns interessiert weder die Empfehlung noch das Verbot solcher Dinge, sondern eine ganz andere Welt. Deshalb brauchen wir, die wir zum Reich Gottes gehören, keine Weltflucht zu üben. Wir überwinden die Welt nicht dadurch, daß wir die weltlichen Dinge aufgeben, sondern indem wir in einem positiven Sinn außerweltlich, jenseitig sind, weil wir das besitzen, was die Welt nicht geben kann und was die Menschen doch so schmerzlich entbehren, nämlich Liebe, Freude und Frieden.

So geht es also nicht darum, der Welt aus dem

Wege zu gehen, — im Gegenteil, wir müssen es als Vorrecht ansehen, daß Gott uns in diese Welt gestellt hat. »So wie du mich in die Welt gesandt hast, so sende ich sie (die Jünger) in die Welt!« Welch eine Feststellung! Die Gemeinde ist Christi Nachfolgerin, der Brückenkopf Gottes im Zentrum des satanischen Territoriums. Das ist etwas, das Satan nicht ertragen kann (ebensowenig wie er Jesus selbst ertragen konnte), und das er dennoch auf keine Weise loswerden kann. Es ist eine Kolonie des Himmels, eine Invasion in den Machtbereich des Satans, gegen die er völlig hilflos ist. »Kinder Gottes inmitten eines verkehrten und verdrehten Geschlechts, unter dem wir als Lichter in der Welt scheinen«, nennt Paulus uns (Phil. 2, 15). Gott hat uns bewußt in den *Kosmos* gesetzt, um ihm — dem Kosmos — seine wahre Art zu zeigen. Wir sollen durch das göttliche Licht seine gottfeindliche Rebellion einerseits und seine Hohlheit und Leere andererseits so beleuchten, daß es alle sehen können.

Aber damit ist unsre Aufgabe noch nicht erschöpft. Wir sollen den Menschen eine frohe Botschaft verkündigen. Wenn sie diese annehmen, so wird das Licht Gottes in der Person Jesu Christi sie von der eitlen Leere der Welt zu seiner Fülle befreien. Und dieser doppelten Aufgabe verdankt die Gemeinde den Haß Satans. Nichts macht ihn so wütend wie die Anwesenheit der Gemeinde in der Welt. Über nichts würde er sich mehr freuen als über den Exodus der Gemeinde, über die Beseitigung dieses verräterischen Lichtes. Die Gemeinde ist der Stachel im Fleisch des Widersachers

Gottes. Sie ist ihm ein ständiger Anlaß zu Ärger und Verdruß. Allein unsre *Anwesenheit* in der Welt verursacht dem Satan eine Menge Ungelegenheiten. Weshalb also sollten wir sie verlassen?

»Geht hin in alle Welt und predigt das Evangelium« (Mark. 16, 15). Das ist des Christen Vorrecht. Es ist aber auch seine Pflicht! Diejenigen, die sich der Welt zu entziehen versuchen, beweisen damit nur, daß sie noch im Denken der Welt gefangen sind. Wir, die »wir nicht von ihr« sind, haben überhaupt keinen Grund, sie zu verlassen, denn wir sind genau da, *wo wir sein sollen.*

Deshalb ist es nicht nötig, unsern weltlichen Beruf aufzugeben. Ganz im Gegenteil: Er ist unser Missionsfeld! Hier dürfen keine weltlichen, sondern nur geistliche Erwägungen den Ausschlag geben. Wir leben nicht in getrennten Abteilen: In der Kirche als Christen und die übrige Zeit als Weltmenschen! Alles in unsrem Beruf, in unsrem Job oder Hobby soll nach dem Willen Gottes von unserem Leben als Christen geprägt sein. Alles, was wir verrichten, sei es auf dem Acker oder auf der Autobahn, im Geschäft oder in der Fabrik, im Krankenhaus oder in der Schule oder in der Küche, ist dann ein Dienst für das Königreich Gottes. Der Satan sähe es lieber, wenn die Christen diese Plätze räumten, denn sie sind ihm dort sehr im Wege. Er versucht deshalb, uns entweder aus der Welt hinauszugraulen, oder uns in sein Weltsystem und seine Denkmethoden zu verstricken und uns zu veranlassen, unser Verhalten nach seinen Maßstäben einzurichten.

In beiden Fällen hätte er gesiegt. Wenn wir jedoch in der Welt aushalten, und wenn dennoch alle unsere Impulse von Gott her kommen, also außerweltlich und jenseitig sind, dann bedeutet das Satans Niederlage und Gottes Herrlichkeit.

Über dem Leben Jesu in der Welt steht das Motto: »Die Finsternis hat es nicht überwunden« (Joh. 1, 5). Nirgends in der Schrift heißt es, daß wir die Sünde »überwinden« sollen, es wird aber ausdrücklich gesagt, daß wir die Welt überwinden sollen. In bezug auf die Sünde spricht Gottes Wort immer von Befreiung, in bezug auf die Welt spricht es hingegen von Sieg!

»Dies ist der Sieg, der die Welt überwunden hat: unser Glaube. Wer ist es, der die Welt überwindet, wenn nicht der, der glaubt, daß Jesus der Sohn Gottes ist?« (1. Joh. 5, 4. 5). Der Schlüssel zum Sieg ist immer unser Glaubensverhältnis zum siegreichen Sohn. »Fürchtet euch nicht«, sagt er, »ich habe die Welt überwunden!« (Joh. 16, 33). Nur Jesus konnte das von sich behaupten, weil er schon vorher verkünden konnte: »Der Fürst der Welt . . . vermag nichts gegen mich« (Joh. 14, 30). Es war das erstemal, daß jemand auf der Erde so etwas gesagt hatte. Er sagte es, und er überwand. Durch seinen Sieg wurde der Fürst der Welt ausgestoßen, und Jesus begann, Menschen zu sich zu ziehen.

Und weil er es gesagt hat, so dürfen wir es jetzt auch sagen. Weil ich von neuem geboren bin und weil »alles, was von Gott geboren ist, die Welt überwindet«, kann ich in derselben Welt sein, in der auch mein Herr war, und, wie er, völlig von der Welt getrennt sein, als Licht, das auf den Leuchter gesetzt wird, damit es allen leuchte, die das Haus betreten. »So wie er sind auch wir in dieser Welt« (1. Joh. 4, 17). Die Gemeinde verherrlicht Gott nicht, indem sie die Welt verläßt, sondern indem sie in ihr sein Licht strahlen läßt. Nicht der Himmel ist der Ort, Gott zu verherrlichen. Er wird der Ort sein, wo man ihn lobt. Der Ort, ihn zu verherrlichen, ist hier.

VII.
Unabhängigkeit

Wir haben gesehen, daß die Gemeinde der Stachel im Fleisch Satans ist, der ihm heftiges Unbehagen verursacht und seine Bewegungsfreiheit einengt. Obwohl die Gemeinde in der Welt ist, lehnt sie es nicht nur ab, am Aufbau der »Welt« mitzuwirken, sondern sie verkündigt ihr immer wieder das Gericht. Aber wie die Gemeinde eine ständige Quelle des Ärgers für die Welt ist, so ist die Welt ihrerseits eine Quelle dauernder Not für die Gemeinde. Und da sich die Welt immer weiter entwickelt, so nimmt ihre Macht, Gottes Volk zu bedrücken, immer mehr zu. In der Tat muß die Kirche heute in der Welt einer Macht entgegentreten, die es in diesem Ausmaß früher überhaupt nicht gegeben hat. Damals traf die Kinder Gottes offene Verfolgung in Form physischer Angriffe auf ihre Person

(Apg. 12; 2. Kor. 11). Sie stießen immer wieder mit materiellen, handgreiflichen Dingen zusammen. Heute bekämpft die Welt sie raffinierter, mit einer unsichtbaren Macht hinter den materiellen Dingen, die unheilig und geistlich böse ist. Die Schlagkraft dieser geistigen Macht ist heute viel stärker als früher. Sie ist nicht nur stärker, sondern heute kommt ein Element hinzu, das vorher nicht vorhanden war.

In Offenbarung 9 lesen wir von einer Entwicklung, die für den Verfasser des Buches noch in weiter Ferne lag. »Der fünfte Engel stieß in die Posaune, und ich sah einen Stern vom Himmel auf die Erde fallen, und ihm wurde der Schlüssel zum Schlund des Abgrundes gegeben. Und er öffnete den Schlund des Abgrunds, und es stieg ein Rauch aus dem Schlunde auf wie aus einem großen Ofen . . . Und aus diesem Rauch kamen Heuschrecken auf die Erde, und ihnen wurde Macht gegeben, wie die Skorpione Macht auf der Erde haben. Und ihnen wurde gesagt, daß sie weder das Gras auf der Erde, noch das Grün, noch irgendeinen Baum beschädigen sollten, sondern nur die Menschen, die das Siegel Gottes nicht an ihren Stirnen haben« (Verse 1—4). Dies ist Bildsprache; der vom Himmel gefallene Stern hat offensichtlich Gerichtsfunktion, und wir wissen, daß der unergründliche Schlund Domäne des Satans ist, seine Vorratsscheune, könnten wir sagen. Die Endzeit scheint also durch eine besondere Freisetzung seiner Hilfsquellen gekennzeichnet zu sein. Die Menschen werden sich einer geistlichen Macht gegenübersehen, mit der sie zuvor nicht zu kämpfen brauchten.

Dies trifft sicherlich auf die Situation in unseren Tagen zu. Zwar werden Sünde und Gewalttätigkeit am Ende dieser Weltzeit immer schlimmer werden, aber Gottes Wort zeigt doch, daß die Kirche in jener Zeit nicht in erster Linie gegen diese Dinge kämpfen muß, sondern gegen die geistliche Herausforderung ganz alltäglicher Dinge. »Wie es in den Tagen Noahs war, so wird es auch in den Tagen des Menschensohnes sein. Sie aßen, sie tranken, sie heirateten und sie ließen sich heiraten bis zu dem Tage, an dem Noah in die Arche ging und die Flut kam und sie alle vernichtete. Wie es in den Tagen Lots war. Sie aßen, sie tranken, sie kauften, sie verkauften, sie pflanzten und bauten. Aber an dem Tag, als Lot von Sodom ausging, da regnete es Feuer und Schwefel vom Himmel und vernichtete sie alle« (Luk. 17, 26—29). Jesus will damit nicht sagen, daß diese Dinge, — Nahrung, Ehe, Handel, Landwirtschaft, Bauwesen — besondere Kennzeichen der Zeit Lots und Noahs waren, sondern daß sie in besonderer Weise die Endzeit charakterisieren werden. »So wird es auch an dem Tage sein, an dem der Menschensohn offenbart werden wird« (Vers 30): Darum geht es. Denn alle diese Dinge sind ja an sich nicht sündig, es handelt sich einfach um weltliche Dinge. Aber haben Sie je soviel Interesse an einem guten Leben gehabt wie jetzt? Nahrung und Kleidung werden heute die besondere Belastung der Kinder Gottes. Was sollen wir — noch gesunder oder noch raffinierter — essen? Was sollen wir trinken? Womit sollen wir uns — noch besser — kleiden? Das sind für viele die einzigen Gesprächsgegenstände. Es gibt eine Macht, die sie zwingt, sich für diese Dinge zu interessieren, denn ihre Existenz hängt davon ab — und zwar nicht, weil sie Mangel hätten, sondern weil diese Dinge ihr Denken mehr und mehr gefangenhalten.

Aber die Schrift erinnert uns daran, daß »das Reich Gottes nicht essen und trinken, sondern Gerechtigkeit...« ist. Sie fordert uns auf, zuerst das Reich Gottes und Seine Gerechtigkeit zu suchen, und sichert uns zu, daß uns dann alle anderen Dinge hinzugefügt werden. Sie fordert uns auf, uns nicht um Dinge wie Nahrung und Kleidung zu sorgen. Denn wenn Gott die Blumen des Feldes und die Vögel in der Luft versorgt, sollte er dann nicht viel mehr für uns sorgen, die wir Ihm angehören? Nach unserer Ängstlichkeit zu urteilen, scheint es allerdings so, daß Er sie versorgt, uns aber nicht.

Nun, dies ist der Punkt, auf den es besonders ankommt. Das übermäßige Interesse für Essen und Trinken, das heute viele Christen kennzeichnet, — gleich, ob aus Mangel oder Überfluß —, ist keineswegs normal, es ist »übernatürlich«. Denn hier beschäftigen wir uns letzlich nicht mit Essen und Trinken, sondern wir stehen Mächten gegenüber. Satan hat diese Weltordnung entworfen, und er kontrolliert sie. Er steht bereit, uns durch den Einsatz dämonischer Gewalten mit den Dingen der Welt zu ködern. Die gegenwärtige Situation läßt sich anders überhaupt nicht erklären. Daß sich die Kinder Gottes dieser Tatsache doch bewußt werden möchten! In der Vergangenheit begegneten die Heiligen Gottes allerlei Schwierigkeiten; aber inmitten ihrer Drangsal konnten sie aufsehen und Gott vertrauen. In der Drangsal unserer Tage aber sind sie so verwirrt, daß sie Ihm anscheinend nicht mehr vertrauen können. Wir müssen uns klarmachen, daß all diese Not und Konfusion satanischen Ursprungs ist.

Genauso verhält es sich mit der Ehe. Nie hat es auf diesem Gebiet soviel Probleme gegeben wie heute. Es herrscht Verwirrung, denn die jungen Leute brechen mit den alten Traditionen, ohne an neuen Leitbildern Halt zu finden. Auch das läßt sich nicht natürlich erklären, sondern nur mit übernatürlichen Mächten. Heiraten ist in jedem Zeitalter normal und natürlich. Aber heute bricht in die Familien und Ehen ein Element ein, das unnatürlich ist.

Dasselbe gilt für die Landwirtschaft und das Bauwesen genauso, wie für das Kaufen und Verkaufen. Alle diese Dinge sind »normalerweise« völlig legitim und nützlich. Aber heute bedrängt die hinter ihnen stehende Macht die Menschen, bis sie verwirrt werden und das innere Gleichgewicht verlieren. Die Macht des Bösen, die ihre Kräfte in diesem Weltsystem entfaltet, hat eine Situation heraufbeschworen, in der wir zwei Extreme erkennen. Ein Teil der Menschheit entgeht mit knapper Not dem Hungertod, während der andere im Reichtum schwimmt. Manche Christen befinden sich in beispiellosen wirtschaftlichen Schwierigkeiten, während andere beispiellose Möglichkeiten haben, sich zu bereichern. Beide Extreme sind anomal.

Gehen Sie doch heute in die Häuser, und hören Sie sich die Gespräche an. Da werden Bemerkungen laut wie diese: »Vorige Woche habe ich die und die Sachen zu dem und dem Preis gekauft und dabei soviel eingespart.« »Zum Glück habe ich vor einem Jahr gekauft, denn sonst hätte ich erhebliche Verluste erlitten.« »Wenn Sie verkaufen wollen, so verkaufen Sie jetzt, wo der Markt noch gut ist!« Haben Sie nicht bemerkt, wie die Leute hin- und herhasten und fieberhaft ihren Geschäften nachjagen? Jeder will ein Stück vom »Wohlstandskuchen« abbekommen. Männer und Frauen, die sich früher nie mit so etwas befaßt haben, verlieren in der Woge der Spekulationen den Boden unter ihren Füßen. Sie sind in einen Strudel der Geschäftemacherei geraten, der sie wie irr herumwirbelt. Sehen Sie nicht, wie unnatürlich solche Zustände sind? Sehen Sie nicht, daß hier eine Macht wirksam ist, die die Menschen in ihren Bann schlägt? Diese Leute handeln doch nicht mehr vernünftig. Sie sind außer sich geraten. Bei dieser heutigen Orgie des Kaufens und Verkaufens geht es letztlich nicht darum, ein wenig Geld zu verdienen — oder zu verlieren. Sondern die Menschen sind hier mit einem satanischen System in Berührung gekommen. Wir leben in der Endzeit, einer Zeit, in der eine ganz besondere Macht losgelassen worden ist, die die Menschen vorwärts treibt, ob sie wollen oder nicht. So ist das Problem zur Zeit nicht so sehr die Sünde als vielmehr die Verweltlichung.

»Hütet euch, daß eure Herzen nicht von Rausch und Trunkenheit und irdischen Sorgen belastet werden,

damit euch jener Tag nicht unversehens überfalle«
(Luk. 21, 34). Der Herr warnt uns davor, uns übermäßig von den irdischen Sorgen bedrängen zu lassen, also Sorgen um solch einfache Dinge wie Nahrung und Kleidung, die zu unsrer vorübergehenden Existenz auf der Erde gehören. Ein so einfaches Ding — ein Apfel, der gut aussah — brachte Adam und Eva zu Fall! Und es werden solche einfachen Sachen sein, wodurch manche Christen die himmlische Berufung Gottes versäumen. Die Kernfrage ist immer, woran jemand sein Herz hängt. Wir werden ermahnt, unsre Herzen nicht zu unsrem Schaden mit solchen Dingen zu »belasten« oder zu »überladen«. Das heißt, sie dürfen uns nicht zu einer solchen Bürde werden, daß wir ermüden, in dem uns aufgetragenen Dienst müde werden. Wir sollen in rechter Weise von unsren Gütern im Haus oder auf dem Feld unabhängig bleiben (Luk. 17, 31).

Erinnern wir uns, wer wir eigentlich sind! Wir sind die Gemeinde Gottes, das Licht der Welt, das in der Finsternis scheint. So sollen wir unser Leben hier unten führen.

Es hat eine Zeit gegeben, in der die Kirche die Methoden der Welt völlig abgelehnt hat. Jetzt gebraucht sie diese, ja sie mißbraucht sie. Natürlich müssen wir die Welt gebrauchen, da wir in ihr leben sollen. Aber wir sollen uns nicht von ihr abhängig machen. Deshalb fährt Jesus fort: »Seid allezeit wachsam und betet, damit es euch gelinge, all diesen Dingen, die auf euch zukommen, zu entrinnen und vor des Menschen Sohn zu bestehen« (wörtlich: »hingestellt zu werden«)

(Luk. 21, 36). Würde Gott uns zur Wachsamkeit und zum Gebet auffordern, wenn es keine geistliche Macht gäbe, vor der wir uns schützen müssen? Wir dürfen unsre Zukunft nicht für selbstverständlich gesichert halten, sondern müssen ständig darauf bedacht sein, wirklich aus der Umgarnung durch die Elemente dieser Welt geistlich befreit zu werden und vom Sieg über die Welt her zu leben.

Das Buch der Offenbarung deutet an, daß der Satan sein Reich des Antichrist in der politischen Welt (Kap. 13), in der religiösen Welt (Kap. 17) und in der Handelswelt (Kap. 18) errichten wird. Auf dieser dreifachen Basis von Politik, Religion und Wirtschaft wird sein Regiment zuletzt noch einmal zu einer gewaltigen Entfaltung kommen. In den beiden letztgenannten Kapiteln erscheint dies Königreich unter dem Bild Babylons, des besonderen Werkzeugs Satans. Wegen ihres Handels kommt das Urteil über die Stadt. Der ganze Bericht in Kapitel 18 dreht sich um Kaufleute und Handelsware. Diejenigen, die den Fall der großen Stadt beklagen, vom König bis zum Matrosen, jammern alle bei dem Gedanken, daß ihr blühender Handel so plötzlich zum Erliegen gekommen ist. Es scheint also weder die Religion noch die Politik zu sein, die den babylonischen Geist wieder aufblühen läßt, sondern der Handel, und sein Erliegen beklagt man bei ihrem Zusammenbruch. Aus bitterer Erfahrung müssen wir feststellen, daß der Handel das Lebensgebiet ist, auf dem mehr als auf jedem anderen »die Verderbnis, die in der Welt ist durch die Lust« selbst Christen mit den allerbesten Grundsätzen unerbittlich nachstellt. Und ohne die Gnade Gottes können sie allzu leicht mit in ihren Untergang hineingerissen werden.

Haben wir Mitleid mit Babylon? Die Kaufleute weinten, aber im Himmel ertönte das Hallelujah (19, 1). In diesen Versen (1—6) finden wir die einzigen Hallelujahs im Neuen Testament. Können wir mit einstimmen?

Wir bewegen uns auf einem gefährlichen Gebiet, wenn wir mit dem Handel in Berührung kommen. Wenn wir uns berufsmäßig mit sauberen Handelsgeschäften befassen und dies mit Furcht und Zittern tun, dann können wir mit Gottes Hilfe dem Fallstrick des Teufels entgehen. Aber wenn wir selbstsicher sind, dann besteht keine Hoffnung, der skrupellosen Selbstsucht zu entgehen, die solche Beschäftigung mit sich bringt. Das Problem, dem wir uns heute gegenübersehen, ist nicht, wie wir uns des Kaufens und Verkaufens, des Essens und Trinkens und des Heiratens enthalten können. Das Problem besteht vielmehr darin, wie wir vermeiden können, daß die Macht, die hinter diesen Dingen steht, über uns triumphiert.

Wie können wir nun unsre materiellen Angelegenheiten dem Willen Gottes entsprechend regeln? Wir müssen sie in Gottes Auftrag regeln. Das heißt, wir müssen wissen, daß wir nicht nutzlos Werte horten oder fette Bankkonten anlegen dürfen. Statt dessen sollen wir unsre Schätze auf Gottes Konto einzahlen. Sie und ich, wir müssen willig sein, uns zu jeder Zeit von jedem Ding zu trennen. Dabei kommt es nicht darauf an, ob ich zweitausend oder zwei Dollar abgebe. Es kommt darauf an, daß ich alles, was ich habe, ohne das geringste Bedauern loslassen kann.

Ich will damit nicht sagen, daß wir unsre gesamte Habe verschenken sollen. Darauf kommt es nicht an. Es geht darum, daß wir als Gottes Kinder für uns selbst nichts anhäufen dürfen. Wenn ich etwas behalte, dann deshalb, weil Gott zu meinem Herzen gesprochen hat. Wenn ich es hergebe, so geschieht das aus demselben Grund. Ich stelle *mich selbst* dem Willen Gottes zur Verfügung und weigere mich nicht, das herzugeben, was Gott verlangt. Ich behalte nichts, weil ich es liebhabe, sondern ich lasse es ohne Bedauern los, wenn mich der Ruf erreicht, daß ich es hinter mir lassen soll. Dann bin ich unabhängig, frei und für Gott abgesondert.

VIII.
Erfrischen und sich erfrischen lassen

Im Johannesevangelium wird uns von einem Ereignis berichtet, das nur hier überliefert ist — eine Begebenheit von geistlicher Bedeutung, die uns hilft, das Problem des Lebens in der Welt zu beleuchten. Ich meine die Geschichte in Kapitel 13, in der unser Herr sich mit einem Tuch umgürtet, ein Waschbecken nimmt und seinen Jüngern die Füße wäscht. Ich möchte hier nur auf den Befehl Jesu aufmerksam machen, den der Herr im Anschluß an die Fußwaschung erteilt: »Also sollt auch ihr einander die Füße waschen. Denn ich habe euch ein Beispiel gegeben, damit auch ihr tut, wie ich euch getan habe . . . Wenn ihr dies wißt, selig seid ihr, wenn ihr es tut« (Verse 14—17). Was ist das für ein gegenseitiges Fußwaschen? Was heißt es, daß wir einander die Füße waschen sollen?

Lassen Sie mich gleich sagen, daß sich diese Stelle nicht auf die Sünde bezieht. Ob ich barfuß gehe, Sandalen oder Schuhe trage, nie kann ich vermeiden, daß meine Füße staubig werden. Aber daß ich Staub und Schmutz an Leib und Kleidern verkrusten lasse, das soll nicht sein! Ich muß von einem Ort zum andern wandern, aber es ist doch nicht nötig, daß ich den Schmutz vom Anfang meiner Reise bis zum Endziel an mir herumtrage! Straucheln und fallen und sich dann im Staub herumwälzen, das ist sicher Sünde. Darauf muß Buße und Gottes Vergebung folgen. Aber wenn ich mit dem Herrn gehe, dann kann ich mich nicht hinter der Entschuldigung verstecken: »Ich muß ja hin und wieder fallen; das ist eben unvermeidlich!« und mich dann auf die Generalreinigung bei meiner Bekehrung oder am Ende der Tage berufen. Das wäre sicher falsch.

Auf unsrem Weg durch die Welt — ganz gleich, wer wir sind, und wie sehr wir uns in acht nehmen — können wir nicht vermeiden, daß etwas an unsren Füßen hängen bleibt. Ja, wenn wir die Erde überhaupt nicht berührten, dann freilich würde uns nichts anhaften. Aber dazu müßte man uns umhertragen. Wenn wir die Erde berühren — und wer bildet sich im Ernst ein, daß er das vermeiden könnte —, dann heftet sich der Staub an uns. Selbst unser Herr rügte seinen Gastgeber: »Du hast mir kein Wasser für meine Füße gegeben« (Luk. 7, 44). Wir müssen also festhalten, daß die gegenseitige Fußwaschung in Johannes 13 nicht mit begangenen Sünden zusammenhängt. Für diese gibt es immer Vergebung durch Christi Opfertod, und davon will Gott uns ohnehin befreien. Nein, hier handelt es sich um unsern täglichen Weg durch die Welt, auf dem wir unausbleiblich mit ihr in Berührung kommen. »Ihr seid rein«, sagt Jesus. Dafür sorgt er selbst als Opferlamm. »Wer gebadet hat, der braucht nicht...«, und soweit es die Sünde betrifft, könnte der Satz hier enden. Aber wenn wir uns in Satans Reich bewegen, dann kleben uns mancherlei Dinge an. Das können wir einfach nicht verhindern, weil wir immer mit den Dingen der Welt in Berührung sind, mit ihren Geschäften und mit ihren Vergnügungen, mit ihrem korrupten Wertsystem und ihrer ganzen ungöttlichen Einstellung. Wie ein Film legt sich das zwischen uns und unsren Herrn. Daher die Worte, mit denen der Herr schließt: »..., außer, daß ihm die Füße gewaschen werden.«

Nun wollen wir zur praktischen Anwendung kommen. Manche von Ihnen müssen sieben bis acht Stunden am Tage in Büros und Geschäften arbeiten. Daran ist nichts Verkehrtes. Aber wenn Sie von der Arbeit nach Hause kommen, sind Sie dann nicht müde, abgespannt und verstimmt? Sie treffen einen Bruder, aber Sie können nicht so ohne weiteres mit ihm in ein geistliches Gespräch kommen. Sie fühlen sich irgendwie verunreinigt. Ich wiederhole: Das muß keineswegs Sünde sein. Ihre Berührung mit der Welt hat einen trüben Film auf Ihnen zurückgelassen. Sie fühlen es, denn Sie können sich nicht sogleich ungehindert zum Herrn erheben. Das klare Verhältnis, das Sie am Morgen zu ihm hatten, ist getrübt. Die Frische ist dahin. Wir alle machen solche Erfahrungen.

Oder eine Schwester ist mit Arbeiten im Haushalt beschäftigt. Nehmen wir an, eine junge Mutter bereitet auf dem Herd das Mittagessen. Da schreit das Baby. Es klingelt an der Tür. Die Milch kocht über — und das alles auf einmal! Sie rennt dem einen nach und verfehlt das andere! Nachdem sie alles wieder in Ordnung gebracht hat, setzt sie sich hin. Aber sie bedarf wohl einer besonderen Kraft, um sich wieder zu Gott zu erheben. Sie fühlt, daß ein Hindernis vorhanden ist. Es ist nicht Sünde. Aber es ist, als ob eine dicke Staubschicht auf allem liege. Der Staub klebt fest wie ein Film. Er drängt sich zwischen sie und den Herrn. Das Verhältnis ist getrübt, beschmutzt. Der Weg, der direkt zu Gott führt, ist nicht frei. Ich glaube, das verdeutlicht wohl die Notwendigkeit der Fußwaschung.

Manchmal haben uns unsre weltlichen Pflichten müde gemacht, und wir sind erschöpft. Wenn wir zum Gebet niederknien, so müssen wir erst ein Weilchen warten. Vielleicht dauert es zehn oder zwanzig Minuten, ehe wir Gott wieder wirklich erreichen können. Oder wir setzen uns hin, um die Bibel zu lesen, und merken, daß wir uns energisch zusammenreißen müssen, um uns Seinem Reden zu öffnen. Wie gut ist es da, wenn wir auf dem Heimweg einen Bruder treffen, dessen Herz noch voll ist von der Begegnung, die er soeben mit Gott gehabt hat. Ohne eine besondere Absicht gibt er uns die Hand, und wir wechseln einige Worte. Er selber mag es gar nicht merken, aber es ist, als wische er mit einem Staubtuch alles sauber. Wir fühlen sofort, daß unser Kontakt zu Gott wiederhergestellt ist.

Manchmal kommen Sie vielleicht niedergeschlagen zur Gebetsstunde, weil Ihre Arbeit Sie bedrückt. Es betet jemand, aber Sie haben noch immer dasselbe schwermütige Gefühl. Ein anderer betet, und es ändert sich nichts. Aber dann betet ein Bruder oder eine Schwester, und irgendwie fühlen Sie sofort die erhebende Kraft. Sie sind erfrischt. Ihre Füße wurden gewaschen. Was also bedeutet die Fußwaschung? Sie bedeutet, daß die ursprüngliche Frische wiederhergestellt wird. Sie bedeutet, daß die Dinge wieder in einen so klaren Zustand versetzt werden, als seien sie neu geworden und aus Gottes unmittelbarer Gegenwart gekommen.

Ich weiß nicht, wie oft ich persönlich so niedergeschlagen gewesen bin, ohne daß es nun direkt Sünde war, die mich bedrückte, sondern das Gefühl, vom Staub der Welt bedeckt zu sein. Und da begegnete mir ein Bruder oder eine Schwester, jemand, der meinen Zustand gar nicht kannte. Durch eine spontane Bemerkung von ihm war alles wieder hell und klar. Wenn so etwas geschieht, dann merken Sie deutlich, wie alle Finsternis weicht, wie der Film fortgewischt ist! Gott sei Dank! Sie sind sofort erfrischt und in einen Zustand zurückversetzt, in dem Sie sich wieder der Gemeinschaft mit Ihm erfreuen können. Das ist Fußwaschung: Meine Brüder in Christus erquicken, einen Bruder so aufrichten, als käme er gerade aus der Gegenwart Gottes. Diesen wechselseitigen Dienst möchte der Herr bei seinen Kindern sehen.

Wenn wir mit Gott leben, dann gibt es keinen Tag, an dem wir nicht — wenn wir es wollen — unsern Brüdern eine Erquickung sein können. Das ist einer der herrlichsten Dienste. Vielleicht ist es nicht mehr als ein Händedruck. Vielleicht ist es ein Wort der Ermunterung, das fast beiläufig gesprochen wird. Vielleicht ist es nur der Widerschein des Himmels in unserem Gesicht. Aber wenn der Herr uns seinen Weg führen kann und keine Wolken unser Verhältnis zu ihm verdunkeln, dann erleben wir, wie er uns in der Stille gebraucht. Vielleicht wissen wir es selbst kaum, und es ist besser, nicht danach zu forschen. Das Beste wäre in der Tat, wenn wir es nie erführen. Aber ob wir es wissen oder nicht, wir werden dauernd dazu gebraucht, unsern Bruder zu erfrischen. Wenn er niedergeschlagen ist und in Finsternis sitzt, wenn er eine Bürde auf dem Herzen oder einen Film vor seinen Augen hat, wenn er betrübt und befleckt ist, dann wird er zu uns kommen. Er braucht nicht lange zu bleiben, vielleicht nur ein paar Minuten. Suchen Sie diesen Dienst! Gott schenke Ihnen Gnade dazu! Manchmal wünschen wir uns, wir könnten vor einer großen Zuhörerschaft lange

Predigten halten. Aber nur wenige haben diese Gabe, und viele werden von diesen wenigen nicht erreicht. Die Herzen der Heiligen erquicken, das ist ein Dienst, den jeder tun kann und durch den jeder zu erreichen ist. Gott selbst hält ihn für unschätzbar wertvoll.

Aber um einen solchen Dienst zu leisten, müssen wir gewisse Voraussetzungen erfüllen. Wenn wir wirklich mit dem Herrn leben, dann werden wir ohne Zweifel gebraucht werden. Bei ihm gibt es keine Beschränkungen. Wenn wir selbst lauter sind und unser Herz voll von seiner Freude und von seinem Frieden ist, dann muß das einfach nach außen strahlen. So lautet meine einfache Frage an Sie: Gibt es unbereinigte Dinge zwischen Ihnen und Gott? Damit meine ich ganz konkrete, bewußte Dinge. Sind Sie sich solcher Dinge nicht bewußt, so ist es nicht nötig, danach zu forschen, nur um etwas zu finden. Der Herr wird es Ihnen schon enthüllen. Wenn Er will, wird Er ans Licht bringen, was Sie übersehen haben. Er wird seinen Finger darauf legen, und Sie werden es erkennen. Es ist nicht nötig, den Blick nach innen zu richten und jedes Gefühl zu prüfen und zu analysieren, um ihm an die Wurzel zu kommen. Danken Sie ihm nur! Es ist seine Aufgabe, nicht Ihre, in Ihr Herz zu leuchten und Ihnen zu zeigen, wenn Sie in die Irre gehen.

Aber eins steht fest: Wenn Sie mit Gott im unreinen sind, dann können Sie dem anderen nur den Glanz nehmen. Sie können seine Füße nicht waschen. Wenn er deprimiert ist, so wird er durch Sie nur noch deprimierter werden. Wenn er sich schwermütig fühlt, so wird Ihr Besuch den Bruder nur noch schwermütiger machen. Anstatt ihn zu erquicken und ihm erneut die Lebenskraft Gottes zu vermitteln, werden Sie ihn nur in noch tieferen Trübsinn stürzen. Mit Gott nicht in Ordnung zu sein, ist der sicherste Weg, für das Leben seiner Gemeinde zu einer Belastung zu werden. Demgegenüber liegt der größte Kraftbeweis darin — so glaube ich —, dauernd in der Lage zu sein, andere zu erquicken. Es ist ein unschätzbares Gut, dieser Kontakt mit dem Himmel, der erhebt, reinigt und erneuert.

»So sollt auch ihr einander die Füße waschen!« Unter allen Befehlen des Herrn an seine Jünger ist dieser der — im wahrsten Sinne des Wortes — dramatischste. Um ihnen seine Wichtigkeit bewußt zu machen, hat er selbst ihn an ihnen durchgeführt. Es war der Ausdruck seiner Liebe »zu den Seinen, die in der Welt sind« (Vers 1). Mit Seinem eigenen Beispiel zeigte Er den Jüngern, was Dienst bedeutet. Keine Arbeit im Rampenlicht, sondern gegenseitiges Bedienen mit einer Waschschüssel und mit einem Handtuch. Immer wird es nötig sein, Menschen, die gefallen sind, aufzurichten, Schwache, die gesündigt haben, zur Buße zurückzuführen. Aber das dringendste Bedürfnis unter den Heiligen ist gegenwärtig die Erfrischung. Damit meine ich, daß sie erneut zu dem zurückgerufen werden, was ursprünglich und von Gott ist. Das ist Kraft. Jesus »ist von Gott ausgegangen« (Vers 3), um dies zu tun. Ich glaube, daß es keine größere Gotteskraft gibt, als die, von ihm erfrischt vor die Welt zu treten. Halten Sie das nicht auch für die größte Manifestation der Macht göttlichen Lebens? Wir freuen uns, wenn wir in einem Weltsystem, das vom »Rauch des Schlundes« verdunkelt ist, Heiligen begegnen, die durch die reine Luft des Himmels erfrischt sind. Diese Frische vermittelt Ihnen und mir erneut einen Hauch göttlichen Lebens.

Ich danke dem Herrn, daß ich in meiner Jugend das große Vorrecht hatte, eine der ungewöhnlichsten Heiligen kennenzulernen. Ich kannte sie viele Jahre und entdeckte manche geistlich wertvolle Eigenschaft an ihr. Aber das, was mich vor allem beeindruckte, war das Gefühl der Nähe Gottes. Man konnte nicht lange bei ihr sitzen oder sie auch nur in ihrem Zimmer aufsuchen und einen Händedruck mit ihr wechseln, ohne die Gegenwart Gottes zu verspüren. Man konnte das nicht erklären, aber man fühlte es einfach. Ich war nicht der einzige, der das empfand. Jeder, der mit ihr in Berührung kam, gab ihr dies Zeugnis. Zu jener Zeit war ich oft verzagt, alles schien mir zu mißlingen. Wenn ich aber ihr Zimmer betrat, so fühlte ich mich zurechtgewiesen. Ich spürte die unmittelbare Gegenwart Gottes und war sogleich erfrischt.

Wie kann das geschehen, diese unmittelbare Stärkung? Sicherlich nicht als Dienst einiger weniger. Der Herr möchte jedem von uns die Kraft verleihen, den Bruder und die Schwester zu ermuntern, wenn sie sich befleckt haben. Bedenken Sie bitte — darf ich es sagen? —, daß eine solche Trübung den Einfluß eines Christen auf die Welt oft stärker schädigen kann, als seine eigentlichen, bewußten Sünden. Manchmal geraten wir in Sünde, jeder von uns. Aber das merken wir sofort;

wir wissen, was wir getan haben, und suchen und finden Vergebung. Aber oft lastet der »Staub« der Welt stundenlang auf uns; weil es jedoch keine akute Sünde ist, achten wir gar nicht darauf. Dann geschieht es, daß unsre Wirksamkeit für Gott auf die Welt nachläßt. Wie gut ist es, wenn wir dann einen Bruder oder eine Schwester bei uns haben, durch die wir wieder zu erneuter Gemeinschaft mit Gott aufgerichtet werden.

Welches sind nun die Voraussetzungen für diesen Dienst? Es sind zwei. Als erstes muß — wie wir gesehen haben — jede erkannte Unstimmigkeit zwischen mir und dem Herrn sofort bereinigt werden, sonst schaltet sie mich völlig aus diesem Dienst aus. Worum es sich auch immer handeln mag, es muß unverzüglich geordnet werden, sonst werde ich unbrauchbar. Dann bin ich kein Gewinn für die Gemeinde Gottes, sondern ich bin ihr zu einer Bürde geworden. Ich kann nichts zu ihrem Bestand beitragen. Ich kann höchstens das Schuldkonto des Lebens der Kinder Gottes erhöhen. Erst dann, wenn ich mit Gott im reinen bin, wenn in allen mir bewußten Dingen keinerlei Disharmonie besteht, kann ich mithelfen, meine Brüder aufzurichten zu der Kraft, die sie in der Auseinandersetzung mit der Welt nötig haben.

Zweitens — und um jedes Mißverständnis auszuschalten will ich es ganz deutlich sagen —: Bedenken wir, daß diese Erquickung auf Gegenseitigkeit beruht. »Waschet einander die Füße!« sagt Jesus. Wer Erquickung austeilt, muß sich auch von andern erquicken lassen. Oftmals wird der Herr Sie gebrauchen, aber genauso oft wird er andere gebrauchen, Sie zu erfrischen. Es haben nicht etwa nur einige wenige die besondere geistliche Aufgabe, andere zu erquicken, denn wir alle müssen diese Welt durchwandern und bedürfen der Erfrischung. Ebensowenig wie Petrus hat einer von uns das Recht zu sagen: »Dies Stadium habe ich hinter mir. Ich bin jetzt in so enger Gemeinschaft mit Gott, daß ich keine Trübung mehr zu befürchten habe. Ich kann predigen und beten, ohne daß ich einen solchen Dienst nötig habe. Du sollst mir nicht die Füße waschen!«

Es gibt keine Sonderklasse von Brüdern in der Gemeinde, die ohne Erquickung auskommen. Es ist etwas, auf das jeder Diener Gottes angewiesen ist. Wenn Sie den ganzen Tag in einer Werkstatt oder in einer Küche beschäftigt gewesen sind, so kann Ihnen eine Ermunterung durchaus gut tun. Aber manche von uns haben den ganzen Tag in der Kirche gearbeitet, und auch wir haben eine Ermunterung nötig. Unser Bedürfnis nach Wiederaufrichtung ist oft besonders groß, auch wenn wir so selbstsicher sind, daß wir diese Notwendigkeit übersehen. Ob wir in einer ausgesprochen weltlichen Umgebung arbeiten oder uns mit sogenannten geistlichen Dingen befassen, überall umschließt uns die Welt. Immer wieder haben wir deshalb die Hilfe eines Bruders oder einer Schwester nötig, die uns zu dieser erfrischenden Gemeinschaft mit Gott, zu dieser Erneuerung durch geistliche Kraft führen.

Das Lebensprinzip des Leibes Christi ist also ganz

einfach: Erfrischen und sich erfrischen lassen. Je weiter wir mit dem Herrn fortschreiten, um so mehr haben wir unsere Brüder nötig. Denn in diesem Dienst ist keiner von uns unwichtig, und keiner von uns erreicht je den Punkt, an dem er den Dienst der anderen nicht mehr nötig hat. Mein Gebet ist, daß Gott mich hin und wieder dazu gebrauchen möge, einen anderen, dessen Geist ermattet ist, zu erquicken, und daß Er gleicherweise immer wieder jemand dazu gebrauche, meinen ermatteten Geist anzurühren und mich zu erfrischen. Wenn auf diese Weise der Bruder die Trübung durch die Welt von mir abwischen kann, so daß ich, der ich müde gekommen bin, erneuert weggehen kann, dann hat er mir einen Dienst Christi erwiesen.

IX.
Mein Gesetz in ihren Herzen

In den ersten Kapiteln haben wir ein Bild von dieser Welt als geistiges System entworfen. Wir verstanden sie also nicht als geographisch bestimmbaren Ort, auch nicht als Völkergemeinschaft, noch überhaupt als Ding, sondern als ein System, an dessen Spitze Gottes Feind steht. »Die Welt« ist Satans Meisterstück, und wir haben uns ihn vorgestellt als den, der alle seine Macht und Klugheit daransetzt, sie zum Blühen zu bringen. Welchen Zweck verbindet er damit? Sicherlich will er Menschen in seine Gefolgschaft zwingen und an sich ketten. Er hat nur ein Ziel: Seine Weltherrschaft in den Menschenherzen zu errichten. Er verfolgt dieses Ziel, obwohl er weiß, daß diese Herrschaft nur von kurzer Dauer sein kann. Und je schneller sich das Ende dieses Zeitalters nähert, um so mehr nehmen seine Bemühungen zu und um so größer wird die Not des Volkes Gottes. Als Gäste und Fremdlinge befinden sie sich in einer unerquicklichen Position. Sie würden gern Erleichterung der geistlichen Spannungen suchen, indem sie physischen Abstand von der Welt nehmen. Wie schön wäre es, dieser Welt völlig zu entrinnen und für immer beim Herrn zu sein!

Aber das ist offensichtlich nicht Gottes Wille. Wie wir sahen, hat Jesus seinen Vater nicht gebeten, die Seinen aus der Welt zu nehmen, sondern sie vor dem Bösen zu bewahren. Auch Paulus folgt dieser Linie. Nachdem er die Gläubigen in Korinth aus einem besonderen Anlaß ermahnt hat, keine Gemeinschaft mit einer bestimmten Gruppe von Sündern zu haben, schaltet er sofort ein mögliches Mißverständnis aus. Sie sollen sich nicht isolieren. Sie sollen nicht die Beziehungen zu allen Sündern in der Welt abbrechen, selbst nicht zu der Kategorie, von der er ihnen geschrieben hat. Denn das würde ja einschließen, daß sie die Welt völlig verlassen müßten. »Ich habe euch in meinem Brief geschrieben, daß ihr keine Gemeinschaft mit Unzüchtigen haben sollt. Das bezog sich aber nicht auf die Unzüchtigen in der Welt überhaupt oder auf die Habgierigen oder Wucherer oder Götzendiener, denn sonst müßtet ihr aus der Welt gehen« (1. Kor. 5, 9. 10).

Hier wird uns klar gesagt, daß wir in der Welt zu bleiben haben, ja, daß wir uns ihr bis zu einem gewissen Grade anschließen müssen. Denn — ist es nicht die Welt, die Gott so sehr geliebt hat? Aber hier erhebt sich die Frage: Wie weit dürfen wir versuchlichen Menschen dabei gehen? Wo verläuft die Grenze zwischen dem von Gott gewollten »In-der-Welt-Sein« und jenem anderen von Gott gewollten »Habt nicht lieb die Welt — Flieht die Welt und ihre Lust«? Bleiben wir innerhalb dieser Grenzen, so sind wir sicher; überschreiten wir sie, so droht uns die Gefahr, vom Satan in Dienst genommen zu werden. Doch wo verläuft die Grenze?

Wir können dieses Problem überhaupt nicht ernst genug nehmen. Die damit verbundenen Gefahren sind eine Realität, und sie können tödlich sein. Wenn Sie einmal ernstlich erkrankten und große Schmerzen hätten, so könnte es geschehen, daß Ihnen Ihr Arzt Heroin oder Morphium verschreibt. Sofort würden Sie die Gefahr erkennen, daß sich daraus eine Sucht nach dieser Droge entwickeln könnte. Aber Sie würden dem Arzt gehorchen und die verordnete Medizin einnehmen, jedoch mit Furcht und unter Gebet, denn Sie wissen, daß sich in ihr eine geheime Macht verbirgt, und Sie wissen, daß Sie in Gefahr sind, unter diese Macht zu geraten. Das wäre besonders dann der Fall, wenn sich die Behandlung in die Länge zöge. Jedesmal, wenn Sie und ich durch die Dinge der Welt mit der Welt in Berührung kommen — und das müssen wir ja immer wieder — sollten wir dasselbe Gefühl wie beim Einnehmen von Morphium haben, denn hinter allem, was der Welt angehört, verbergen sich die Mächte. Wie ich bei ernster Erkrankung Opium als Medikament verschrieben bekommen kann, so muß ich mich, weil ich in der Welt bin, in Geschäfte mit ihr einlassen, muß meinem Handel oder meiner Arbeit nachgehen, muß meinen Lebensunterhalt verdienen. Aber welche Dosis solcher Drogen ich als Arznei einnehmen kann, ohne der Opiumsucht zu verfallen, das weiß ich nicht. Und wieviel Sachen ich mir anschaffen kann, wieviel Geld ich verdienen kann und wie eng meine geschäftlichen oder beruflichen Verbindungen sein können, ohne daß ich dem Teufel an die Angel gehe, das weiß ich auch nicht. Ich weiß nur, daß eine satanische Macht hinter jedem weltlichen Ding steht. Wie lebenswichtig ist es deshalb, daß jeder Christ eine klare Einsicht in das Wesen des Weltgeistes hat, damit er erkennt, wie ernst die Gefahr ist, der er ständig ausgesetzt ist.

Sicher meinen Sie jetzt, ich ginge zu weit. Vielleicht sagen Sie: »Das ist ein nettes Beispiel für eine Predigt, aber ich habe das Gefühl, daß Sie doch sehr übertreiben.« Wenn Sie jedoch recht *hinsehen*, dann werden Sie von der Welt dasselbe sagen müssen wie vom Opium, daß nämlich dahinter eine finstere Macht verborgen ist, die nur darauf wartet, Menschen zu verführen und in ihren Bann zu schlagen. Wem die Augen wirklich für den wahren Charakter der Welt geöffnet sind, der wird zugeben, daß man alle diese Dinge mit Furcht und Zittern anfassen und dabei stets auf den Herrn schauen muß. Ich weiß auch, daß er jeden Augenblick Gefahr läuft, vom Satan umklammert zu werden. Wie die Droge, die zunächst willkommen ist und die Krankheitserscheinungen lindert, schließlich selbst zu einer Krankheitsursache werden kann, so können die Dinge der Welt, deren Gebrauch unter der Aufsicht des Herrn erlaubt ist, uns zum Fallstrick werden, wenn wir unachtsam sind. Nur Narren sind in einer solchen Situation leichtsinnig.

Da ist es kein Wunder, wenn wir mit einem gewissen Neid auf Johannes den Täufer schauen. Wie leicht wäre es, so denken wir, wenn wir uns einfach aus der Welt an einen sicheren Ort zurückziehen könnten. Aber wir sind *eben nicht* wie er! Unser Herr hat uns in die Welt gesandt, damit wir seinen Fußspuren nachfolgen sollen. Wie er sollen wir »essen und trinken«. Weil Gott die Welt so liebt, deshalb lautet sein Befehl an uns, »hinzugehen in alle Welt« und seine frohe Botschaft zu verkündigen. Und dieses »alle« schließt auch bestimmt die Leute ein, mit denen wir täglich Tuchfühlung haben.

Hier stehen wir nun vor einem ernsten Problem. Wie schon gesagt, muß es eine Grenze geben. Bestimmt hat Gott doch irgendwo eine Demarkationslinie gezogen. Wenn wir innerhalb dieser Grenze bleiben, so sind wir sicher, haben wir gesagt. Überschreiten wir sie, so droht uns Gefahr. Aber wo liegt nun diese Grenze? Wir müssen essen und trinken, heiraten und Kinder großziehen. Wir müssen Handel treiben und uns müde arbeiten. Aber wie sollen wir dies tun, ohne uns dabei zu infizieren? Wie können wir unbeschwert mit den Männern und Frauen umgehen, die Gott so sehr geliebt hat, daß er seinen Sohn für sie hingegeben hat, und uns selbst dabei von der Welt unbefleckt erhalten?

Wenn der Herr unser Kaufen und Verkaufen monatlich auf so und so viel begrenzt hätte, wie einfach wäre es dann! Die Regeln wären klar, und jeder könnte sie befolgen. Alle, die monatlich mehr als einen bestimmten Betrag ausgäben, wären weltliche Christen, und alle, die weniger als diesen Betrag ausgäben, wären geistlich.

Aber da der Herr keine Zahlen festgesetzt hat, sind wir unablässig auf seine Leitung angewiesen. Die Antwort auf unser Problem ist ganz wunderbar. Durch Regeln ungebunden, sollen wir uns in Schranken anderer Art halten: in den Schranken seines Lebens. Wenn unser Herr uns ein System von Regeln und Bestimmungen hinterlassen hätte, dann müßten wir stets bedacht sein, uns daran zu halten. In Wirklichkeit aber ist unsre Aufgabe viel einfacher und unkomplizierter: Wir müssen beim Herrn bleiben, dann können wir sein »Gesetz« halten. Wir brauchen also nur mit ihm in Gemeinschaft zu bleiben. Dann wird uns sein Heiliger Geist stets sagen, wann wir diese Grenze erreicht haben. Und je näher wir bei ihm sind, um so weniger wird uns das Problem der Grenze beschäftigen.

Wir haben schon über das Reich des Antichrist gesprochen, das bald offenbar werden wird. Johannes schreibt seinen »Kindlein« in seinem Brief über die Welt und die Dinge der Welt (1. Joh. 2, 15) und fährt dann mit einer Warnung fort: »Wie ihr gehört habt, daß der Antichrist kommt, so sind jetzt schon viele Antichriste aufgestanden« (Vers 18). Wie sollen sie sich da verhalten, zumal er auch noch von einem viel gefährlicheren »Geist des Antichrist, von dem ihr gehört habt, daß er kommt und schon jetzt in der Welt ist«, spricht (4, 3)? Wie können sie in ihrer Einfalt unterscheiden, was richtig und was falsch ist? Wie können sie überhaupt erkennen, welcher Boden schlüpfrig und welcher so sicher ist, daß man auf ihm gehen kann?

Die Antwort, die Johannes gibt, ist so einfach, daß wir uns heute fürchten, sie zu glauben. »Ihr habt die Salbung des Heiligen, und ihr wißt alles ... Die Salbung, die ihr von ihm empfangen habt, bleibt in euch, und ihr habt nicht nötig, daß euch jemand unterrichte, sondern wie seine Salbung euch über alle Dinge belehrt und wahrhaftig und keine Lüge ist, so bleibt ihr in ihm« (2, 20. 27). Dies ist ein Hinweis auf den Geist der Wahrheit, den Jesus verheißen hat, und der sowohl die Welt überzeugen, wie seine Jünger in alle Wahrheit leiten wird (Joh. 16, 8. 13).

In jedem Einzelfall muß es eine sichere Grenze geben, die Gott kennt, und die wir nicht überschreiten dürfen. Sie ist aber nicht auf dem Boden markiert, daß wir sie sehen könnten. Aber eins ist sicher: Er, der Tröster, kennt sie. Sollten wir ihm nicht vertrauen? Wenn wir im Begriff sind, sie irgendwo zu überschreiten, können wir uns dann nicht darauf verlassen, daß er uns dies sofort innerlich anzeigt?

In 1. Kor. 7 gibt uns Paulus einige weitere Richtlinien zu unserem Thema. »Dies sage ich, Brüder, die Frist ist kurz. Deshalb sollen hinfort die, die Frauen haben, so leben, als hätten sie keine, und die, die weinen, als ob sie nicht weinten, und die, die sich freuen, als ob sie sich nicht freuten, und die, die kaufen, als ob sie es nicht besäßen, und die, die die Welt gebrauchen, so, daß sie sie nicht mißbrauchen. Denn die Gestalt dieser Welt vergeht. Ich möchte, daß ihr von Sorgen frei seid« (Verse 29—32). Hier werden verschiedene Gegenstände behandelt, aber der beherrschende Faktor ist doch deutlich der, daß »die Frist nur noch kurz ist«, oder, wie andere übersetzen, daß sie »beschränkt« ist. Wir leben, so sagt der Apostel, in einer Zeit außerordentlicher Spannung, und der Grundsatz, der uns in solchen Tagen leiten soll, lautet: »daß diejenigen, die haben ... leben, als hätten sie nicht.« Widerspricht sich Paulus nicht? fragen wir erstaunt. In Epheser 5 schärft er den Männern ein, sie sollten ihre Frauen so vollkommen lieben, wie Christus die Gemeinde geliebt hat — nicht weniger. Und hier sagt er ihnen, sie sollten so leben, als hätten sie überhaupt keine Frau! Erwartet er wirklich, daß wir solche Gegensätze miteinander vereinigen können?

Schon hier soll gesagt werden, daß nur Christen ein solch paradoxes Leben führen *können*. Vielleicht verschafft uns aber der Ausdruck »als hätten sie nicht« einen Schlüssel zu diesem Problem. Er zeigt, daß es sich um eine innere Angelegenheit handelt, um eine Sache, die die Treue des Herzens betrifft. In Christus gibt es eine innere Befreiung für Gott, die mehr ist als ein äußerer Verhaltenswandel. Sie haben, und darüber freuen sie sich in Epheser 5. Aber sie sind nicht an das gebunden, was sie besitzen. So freuen sie sich in 1. Kor. 7 auch, wenn sie nicht haben. Trotz all ihres »Habens« sind sie vom Geist der Besitzgier, der in der Welt herrscht, in Wahrheit befreit. Sie können leben, wie »solche, die nicht haben«.

Der natürliche Mensch fällt von einem Extrem ins andere. Wenn er »hat«, dann ist er völlig hingerissen von dem, was er hat. Oder wenn er religiös ist, so gibt er das weg, was er hat, damit er es nicht länger hat und sich gar nicht mehr darum zu kümmern braucht. Aber die Haltung des Christen unterscheidet sich völlig von dieser natürlichen Art. Die Art des Christen, das Problem zu lösen, besteht nicht darin, daß er eine bestimmte Sache entfernt, sondern darin, daß er sein Herz vom Zugriff dieser Sache befreit. Die Frau wird nicht »abgeschafft«, und ebensowenig die Zuneigung zu ihr. Aber Frau und Mann sind von der maßlosen Zuneigung zueinander befreit. So wird auch die Not, die Weinen verursacht, nicht beseitigt, aber das Leben wird nicht länger von diesem Leid beherrscht. Der Anlaß der Freude bleibt bestehen, aber es gibt eine innere Sperre gegen die völlige Hingabe an das Ding, das sie hervorgerufen hat. Kaufen und Verkaufen gehen wie vorher weiter, aber eine innere Befreiung hat den Zugriff auf die Person gelockert.

Wir haben alles, aber wir haben es, als »ob wir nicht hätten«.

Wir sagen, wir wollten das Zeugnis Jesu auf der Erde aufrechterhalten. Wir wollen uns aber daran erinnern, daß dies Zeugnis nicht auf das gegründet ist, was *wir* über dies oder jenes sagen könnten, sondern auf das, was der Satan *über uns* zu sagen hat. Gott hat uns in die Welt gestellt, und zwar oft auf einen Posten, der so schwierig ist, daß wir meinen, weltliche Leute hätten es viel leichter als Christen. Das kommt daher, daß Christen in der Tat Fremdlinge sind, die hier in einem Element leben, das nicht ihrer Natur entspricht. Ein Taucher kann tief ins Meer tauchen, aber ohne Spezialausrüstung und ein Gerät, das ihm sein Lebenselement, die Luft, zuführt, kann er dort nicht bleiben. Der Druck ist zu groß, und er muß in die Bedingungen der Welt zurück, zu der er gehört.

So ist auch das Problem unserer Berührung mit der Welt nicht durch eine Änderung unserer äußeren Verhältnisse zu lösen. Manche meinen, in der heutigen Zeit sei es ein Zeichen von Geistesleitung, wenn man für die Zukunft keine Vorsorge treffe. Das ist aber keine Geistesleitung, sondern Dummheit. Was wir mit unserem Gewinn *machen* sollen, das wird uns noch im letzten Kapitel beschäftigen; aber Gottes Wort sagt deutlich, daß wir die Welt gebrauchen sollen. Wir sollen essen und trinken, Handel treiben und das Land bewirtschaften, wir sollen uns freuen, jawohl, und wenn es nötig ist, dann sollen wir weinen. Aber wir dürfen aus all diesen Dingen nicht das Letzte herausholen. Wir haben gesehen, was bei unsren Beziehungen zur Welt auf dem Spiele steht. Es ist deshalb kein Wunder, daß wir vorsichtig auftreten und immer bereit sind, uns von einem freundlichen Wink des Trösters zurückhalten zu lassen.

Jesus kam »von oben«. Er konnte, ohne Widerspruch befürchten zu müssen, von sich behaupten: »Der Fürst dieser Welt kommt, gegen mich aber vermag er nichts.« Die Demarkationslinie war gezogen, nicht auf dem Boden vor seinen Füßen, sondern in seinem eigenen Herzen. Genauso wahr ist es, daß alles in dieser Welt, das »von oben« ist, ebenso außer Gefahr ist wie er. Gott hat die Luftzufuhr in der Hand und läßt die Pumpe unter seiner Aufsicht laufen. Das Leben, das »nach oben« gehört, wird *von ihm* »hier unten« aufrechterhalten und versorgt. So kommt es, daß wir uns um eine Sache, die geistlich und »von Gott her« ist, nicht zu sorgen und um ihre Erhaltung nicht zu kämpfen brauchen. »Mein Reich ist nicht von dieser Welt, sonst würden meine Diener kämpfen!« Sie brauchen das aber nicht!

Gott beunruhigt sich einfach deshalb nicht über uns, weil er nicht um seinen Heiligen Geist fürchtet. In gewisser Hinsicht ist ein minderwertiges geistliches Leben unmöglich, weil geistliches Leben göttliches Leben ist. Und so kann auch geistliches Leben nur überwunden werden, wenn Gott selbst überwunden werden kann. Gott disputiert nicht über diese Tatsache. Es genügt ihm, dem Tröster die Verwirklichung in uns zu überlassen. »Ihr seid von Gott, meine Kindlein, und ihr habt sie überwunden. Denn der, der in euch ist, ist größer als der, der in der Welt ist« (1. Joh. 4, 4).

Und in dem Vers, der uns sagt, daß sich die ganze Welt in der Gewalt des Bösen befindet — ja, in genau demselben Vers! —, wird uns nochmals versichert, daß »wir von Gott sind« (1. Joh. 5, 19). *Wir sind von Gott!* Könnten wir etwa eine herrlichere Tatsache entdecken, um jene vorhergenannte böse Tatsache auszugleichen oder zu überbieten? Wir, die wir an den Namen Jesu glauben, »sind nicht geboren aus Blut, noch durch den Willen des Fleisches, noch durch den Willen des Mannes, sondern von Gott« (Joh. 1, 13). Lobet ihn, denn weil wir von Gott geboren sind, kann uns der Böse nicht anrühren! (1. Joh. 5, 18).

Um es ganz einfach zu sagen: Die Macht des Satans manifestiert sich überall in der Welt. Aber wo immer Männer und Frauen im Geiste leben und sich der Salbung bewußt sind, die sie von Gott haben, da verflüchtigt sich diese Macht. Gott *hat* eine Linie gezogen, eine Grenze, hinter der Satans Befehle nicht gelten, weil er, Gott selbst, dort gegenwärtig ist. Wenn wir Gott in uns Raum geben, welcher Spielraum sollte dann noch für den Bösen übrig sein?

Sind wir also völlig für Gott? Kann Satan von Ihnen und von mir bezeugen: »Diesen Menschen kann ich nicht umgarnen!«?

X.
Die Kräfte des kommenden Zeitalters

Was meint der Verfasser des Hebräerbriefes, wenn er von den Christen sagt, sie hätten »die Kräfte des kommenden Zeitalters geschmeckt« (Hebr. 6, 5)? Wir dürften uns alle einig sein, daß wir einer herrlichen Zukunft entgegensehen. In ihr wird das Königreich, das jetzt in den mächtigen Taten des Geistes Gottes »mitten unter uns« ist (Matth. 12, 28), im ganzen Universum sichtbar und unumstritten sein. Das Reich der Welt wird zum Königreich unsres Gottes und seines Christus geworden sein (Offb. 11, 15). Aber — so fragen wir uns — was sind das für »Kräfte«, die wir jetzt nur schmecken, aber noch nicht voll genießen können? Es ist deutlich, daß sie empfangen und genossen werden sollen, denn das Wort »schmecken« deutet ja nicht einfach auf eine Lehre hin, über die man sich Gedanken macht und die man analysiert, sondern auf etwas, das man persönlich erfahren und sich einverleiben kann. Diese Kräfte sind ein Vorgeschmack auf das Fest, bei dem das Beste noch kommt, von dem wir aber jetzt schon ein wenig kosten.

Wir könnten eine ganze Reihe solcher Dinge nennen, die nach der Schrift auf uns zukommen:

Es wird in der letzten Zeit eine Errettung offenbar werden (1. Petr. 1, 5).

Es gibt im kommenden Zeitalter einen neuen Aspekt des *ewigen Lebens* (Luk. 18, 30).

Es ist dem Volke Gottes eine *Ruhe* vorbehalten (Hebr. 4, 9).

Es wird eine *Auferstehung* und eine *Erneuerung unsrer sterblichen Leiber* geben (Röm. 8, 23; 1. Kor. 15, 44).

Es wird einen Tag geben, an dem *alles*, worüber die Menschen straucheln, *hinweggetan sein wird* (Jer. 31, 9; Jes. 57, 14; 62, 10).

Es wird eine Zeit geben, in der *alle* vom geringsten bis zum größten, *den Herrn erkennen werden* (Jer. 31, 34; Hebr. 8, 11), und in der *die Erde* wirklich von der *Erkenntnis des Herrn erfüllt sein wird*, wie das Wasser die See bedeckt (Jes. 11, 9; Hab. 2, 14).

Von allen diesen Dingen haben wir jetzt schon einen wirklichen Vorgeschmack in Christus, aber wir erleben sie noch nicht in ihrer ganzen Fülle.

In engerer Beziehung zu unserer Frage stehen die folgenden Erwägungen: Der Hebräerbrief wendet die Worte von Psalm 8 auf Jesus Christus an: »Du hast ihm alle Dinge unterworfen«, und spricht dann offen aus, was uns ganz allgemein die Erfahrung zuzugeben zwingt, daß wir nämlich »jetzt noch nicht sehen, daß ihm alle Dinge unterworfen sind« (Hebr. 2, 8). Aber neben diese beiden Feststellungen müssen wir noch die Worte Jesu in Luk. 10, 19 stellen, mit denen er seinen Jüngern jetzt schon »Vollmacht über alle Macht des Feindes« gibt. In der Tat, das verheißt uns einen *gegenwärtigen* Vorgeschmack jenes zukünftigen Tages, den wir noch nicht sehen.

Im gleichen Abschnitt dieses Evangeliums wird uns ferner berichtet, daß Jesus sagt: »Ich sah den Satan wie einen Blitz vom Himmel fallen« (10, 18). Dieses

Ereignis scheint für Johannes in Offenbarung 12 noch in ferner Zukunft zu liegen. Aber Jesus will andeuten, daß es vom Standpunkt der von ihm zu hegenden Gemeinde in gewissem Sinn schon eine gegenwärtige Tatsache ist. In einem späteren Kapitel der Offenbarung wird Johannes ein Tag gezeigt, an dem der Satan für tausend Jahre gebunden wird (20, 1—4). Jesus spricht jedoch von dem »Starken«, der bereits gefesselt ist, so daß wir jetzt schon in sein Haus einbrechen und es ausrauben können (Matth. 12, 29).

Dies sind bezeichnende Feststellungen; denn wenn wir in der Gegenwart Erlösung und ewiges Leben besitzen, wie es ja sicherlich der Fall ist, so sollen wir auch schon heute einen Vorgeschmack von den übrigen zukünftigen »Kräften« haben. Wenn sie auch noch nicht universell offenbar sind, so handelt es sich doch ganz eindeutig um Früchte des Kreuzes und der Auferstehung Christi, die sich, zumindest grundsätzlich, schon jetzt im Besitz der Kirche befinden.

Gottes ewiger Vorsatz ist an den Menschen gebunden. »Laßt uns Menschen nach unsrem Bilde, nach unsrem Gleichnis, machen«, sagte er, »und sie sollen herrschen.« Nach Gottes Plan sollte der Mensch regieren, über die anderen Geschöpfe eine heilsame Herrschaft ausüben. Wir können nicht sagen, daß Gottes Plan die Erlösung von vornherein einschloß. Denn der Mensch sollte ja nicht fallen, geschweige denn verlorengehen. 1. Mose 3 enthält des Menschen Geschichte, nicht Gottes Plan mit ihm. Ein Arbeiter mag vom fünften Stock eines Baus hinunterfallen, aber das hat doch nicht im Plan des Architekten gelegen!

Nein, Gottes Plan sieht die Herrschaft des Menschen vor, und es ist wichtig zu beachten, was sein Herrschaftsgebiet sein soll, nämlich »die ganze Erde« (1. Mose 1, 26). Nicht im Himmel liegt unsre Aufgabe, sondern auf der Erde. Der Mensch ist beauftragt, »sie sich zu unterwerfen« (Vers 28). Und wir fragen uns, wozu dies nötig wäre, wenn es keine Macht gäbe, die unterworfen werden muß. Es wird uns weiter gesagt, daß Gott, der Herr, den Menschen nahm und in den Garten Eden setzte, ihn zu bebauen und zu »bewahren« (2, 15). Auch das weist auf die Nähe eines Feindes hin, der unter Kontrolle gehalten werden muß.

In 1. Mose 1, 26 finden wir einen interessanten Ausdruck: Der Mensch soll »über die ganze Erde« herrschen, und der Inhalt des Satzes wird erweitert, so daß er unter anderem auch »alles Kriechende, was auf der Erde kriecht«, einschließt. Aber dann ergab es sich, daß als erstes etwas Kriechendes, eine Schlange, der Kontrolle des Menschen entglitt. Und durch das Versagen des Menschen erhielt der Satan ganz neue Rechte auf der Erde, auch über den Menschen. Es ist richtig, daß der Staub der Erde die niedrige Sphäre ist, die der Schlange, dem Satan, zugewiesen wurde. »Auf dem Bauche sollst du kriechen, und Staub sollst du fressen« (3, 14). Aber was ist Staub? Ist das nicht die Substanz, aus der Adam gemacht worden ist? So ist der Mensch im Fleisch jetzt moralisch dem Satan unterworfen? Ja, Gottes Feind hat sich einen klaren Rechtstitel über alles gesichert, was der Mensch durch natürliche Geburt ist und hat. Das natürliche menschliche Leben ist der Ansatzpunkt für die Tätigkeit Satans hier auf Erden. Die Welt des Satans findet ihren Ursprung und ihre Macht in seinem Anrecht auf den Menschen, und selbst Gott bestreitet ihm dieses Recht nicht. Durch das Vergehen Adams hat er einen absoluten Rechtsanspruch auf alles erhalten, was der alten Schöpfung angehört.

Wenn die Aktivität Satans bei uns aufhören soll, dann muß ihm diese Grundlage in uns entzogen werden. So begegnet Gott — wie wir gesehen haben — der Situation im Erlösungswerk nicht durch eine direkte Auseinandersetzung mit dem Satan, sondern indem er die gesamte alte Schöpfung — den Menschen, seine Welt, alles — einfach aus dem Wege räumt und damit dem Satan seinen legalen Status entzieht. Der Sturz Satans wird nicht durch einen direkt gegen ihn geführten Schlag herbeigeführt, sondern auf indirekte Weise, indem ihm durch den Tod Christi — der ja stellvertretend unser Tod ist — entzogen wird, was ihm ein moralisches Recht zur Einflußnahme gibt. »Unser alter Mensch ist mit ihm gekreuzigt, damit der Leib der Sünde vernichtet werde, auf daß wir nicht länger in der Knechtschaft der Sünde seien« (Röm. 6, 6).

Deshalb hat der Satan — Gott sei Dank! — keinerlei Rechte mehr auf uns. Aber dies ist nur eine negative Tatsache. Es gibt jedoch auch eine positive Seite. Gott hat durch die Beseitigung der alten Schöpfung nicht nur alles, was seinem ewigen Vorsatz im Wege stand, hinweggeräumt; er hat auch das Nötige veranlaßt, um seinen Plan zu verwirklichen, indem er eine neue Schöpfung, seinen neuen Menschen hervorgebracht hat. »Christus, der von den Toten auferstanden ist, stirbt hinfort nicht mehr. Der Tod hat keine Gewalt mehr über ihn« (Vers 9). Der Vorsatz Gottes, enthüllt in 1. Mose 1 und gescheitert in 1. Mose 3, ist nicht endgültig gescheitert. Was Gott im ersten Menschen nicht erreichen konnte, das erlangte er im zweiten. Und dieser zweite Mensch sitzt nun auf dem Thron. So ist es kein Wunder, daß der neutestamentliche Schreiber nicht zögert, die Worte des Psalmisten mit neuer Bedeutung zu füllen: »Was ist der Mensch, daß du seiner gedenkst, und der Sohn des Menschen, daß du seiner achtest? Du hast ihn mit Herrlichkeit und Ehre gekrönt.« Soweit zitiert er den Psalm und ruft dann aus: »Wir sehen ihn ... eben Jesus ... gekrönt!« (Ps. 8, 4—6; Hebr. 2, 6—9). Wenn Gott mit der Erschaffung des Menschen ein bestimmtes Ziel verfolgte, so ist dies Ziel nunmehr erreicht. Gott hat seinen Menschen bekommen.

1. Mose 1, Psalm 8 und Hebräer 2 sind auf einzigartige Weise miteinander verknüpft. Psalm 8 ist natürlich Poesie und besingt den Plan Gottes mit der Menschheit. Das Auffällige ist, daß sich der Sänger trotz des Falles des Menschen nicht davon ablenken läßt. Er bestätigt nur nochmals den ursprünglichen Plan Gottes von 1. Mose 1: »Du setztest ihn zum Herrscher!« Der Plan hat sich nicht geändert. Ja, der Psalmist beginnt sein Lied nicht nur mit einem Lobpreis, sondern er beendet es auch damit: »Wie herrlich ist dein Name auf der ganzen Erde!«

Der Feind hat alles getan, was er konnte. Er hat den Menschen zur Gotteslästerung verführt. Und wenn Sie oder ich diesen Plan verfaßt hätten, so hätten wir sicher dem achten Vers einen verzweifelten Schrei folgen lassen: »Aber ach, der Mensch ist gefallen! Verloren ist alles!« Nicht so der Psalmist. Es ist, als habe er den Sündenfall völlig vergessen, denn er spielt nicht einmal darauf an. In Gedanken überspringt er die ganze Heilsgeschichte und ruft wiederum aus: »Wie herrlich!« Adam und Eva konnten fallen, aber sie konnten Gottes Vorsatz, daß der Mensch schließlich die Macht Satans stürzen sollte, nicht umstoßen. Sein Vorsatz steht unveränderlich fest, und seine Herrlichkeit wird überall bekannt gemacht werden — auf der ganzen Erde.

Nicht im Menschensohn allein wurde sein Vorsatz verwirklicht, sondern auch in den Menschensöhnen — diesen »vielen Söhnen«, die Gott zur Herrlichkeit führen wird. Der Psalmist bemüht sich sehr, diese Tatsache zu unterstreichen. Obwohl der Feind alles daran gesetzt hat, so haben sich die Rechte, die er durch den Fall erworben hatte, doch nicht als unverlierbar erwiesen. Sogar unter den Menschen gibt es solche, die er nicht angreifen kann. »Aus dem Munde der Kinder und Säuglinge hast du eine Macht errichtet wegen deiner Feinde, damit du den Feind und den Widersacher zum Schweigen bringst« (Vers 2). Gott ist nicht auf große Heerführer angewiesen. Kleine Kinder, ja Säuglinge genügen, das Heer seiner Feinde zu bezwingen.

Wie wir gesehen haben, ist Hebr. 2 von diesem

Psalm angeregt. Aber der Schreiber des Briefes geht einen Schritt weiter. Während er den Vorsatz Gottes in der Schöpfung und das Ziel, auf das sie hinweist, bestätigt, deckt er weitere Hintergründe auf. Er wirft einen realistischen Rückblick auf den Verlauf der Geschichte des gefallenen Menschen, stellt aber dann fest, daß der Vorsatz Gottes in Erlösung und Wiederherstellung noch immer auf dasselbe Ziel gerichtet ist. Trotz all der neuen Verhältnisse, die die Erlösung herbeigeführt hat, ist der Plan Gottes unverändert geblieben. Gott hat sein Ziel nicht aufgegeben. Vom Standpunkt des Verfassers nach dem Triumph des Kreuzes, kann er zuversichtlich die Glaubensaussage des Psalmisten erneut bestätigen. Es kann keine Rede davon sein, daß alles verloren ist. Sondern die Wahrheit ist, daß in Christus das Endziel *sichergestellt ist*.

Ja, es ist noch derselbe Plan: »Er hat nichts ausgenommen, was ihm nicht unterworfen wäre« (Vers 8). Nach dem Augenschein könnte man das bestreiten, denn »wir sehen nicht, daß ihm alle Dinge unterworfen sind«. Das stimmt zwar, aber der Verfasser geht darüber hinweg und fährt triumphierend fort: »Aber wir sehen ihn, der etwas niedriger als die Engel gemacht worden ist, nämlich Jesus, durch das Leiden seines Todes mit Herrlichkeit und Ehre gekrönt, damit er durch die Gnade Gottes den Tod für jedermann schmecken sollte« (Vers 9), und dann fügt er fast herausfordernd hinzu: »damit er zunichte mache ... den Teufel« (Vers 14).

Was der Mensch auf der Erde für Gott ausrichten

sollte und worin er versagt hat, das hat unser Herr Jesus vollbracht. »Er hat den Tod für alles geschmeckt.« So der griechische Urtext, also nicht nur »für alle«. Das heißt, er ist nicht allein für die Erlösung des Menschen gestorben, sondern für die der gesamten Schöpfung und, noch weiter zurückgehend, für die Wiederherstellung des Vorsatzes seines Vaters, der auf den totalen Umsturz der satanischen Weltordnung gerichtet ist.

So kommt es, daß heute die Gemeinde vor Gott die Verantwortung dafür trägt, daß der Sieg Christi auf dem Territorium des Teufels zur Kenntnis genommen wird. Wenn es ein Zeugnis an die Fürstentümer und Gewalten gibt, wenn die Auswirkung der Souveränität Christi im Reich der Geister verzeichnet werden soll, dann muß die rechtliche Ausgangsbasis, die der Teufel in unsren Herzen beansprucht, durch das Kreuz entfernt und für unverbindlich erklärt werden. Denn Gottes Ziel ist noch immer, daß der Mensch die »Herrschaft« ausüben soll. Unser Werk für ihn beschränkt sich nicht auf die Verkündigung eines Evangeliums, das die Auswirkung von 1. Mose 3 auslöschen kann, so wunderbar diese Auslöschung auch ist. Gott will uns noch weiter, zu 1. Mose 1, zurückführen. Er will, daß wir in Christus die sittliche Herrschaft über seinen Feind zurückgewinnen, die schon dort vorgesehen war, und ihm so die Erde wirklich zurückbringen. Aus diesem Grund wartet »die gesamte Schöpfung ungeduldig auf das Offenbarwerden der Söhne Gottes« (Röm. 8, 19), wie Paulus sagt.

Das Evangelium von der Errettung ist nötig und unentbehrlich, weil es einem dringenden Bedürfnis des Menschen begegnet. Aber wenn wir als Gottes Knechte uns nur für andere abmühen, so verfehlen wir das Hauptziel Gottes bei der Schöpfung, das nicht nur darin bestand, des Menschen Bedürfnis zu befriedigen, sondern auch sein eigenes. Denn wir haben schon gesagt, daß die Schöpfung des Menschen den Zweck verfolgte, auch dem Bedürfnis Gottes zu begegnen. Wenn wir also heute Gottes Willen entsprechen wollen, so müssen wir noch einen Schritt weitergehen und uns mit dem Satan selbst auseinandersetzen. Wir müssen ihm die Macht wieder entreißen, wir müssen ihn von seinem eigenen Territorium vertreiben. Wir müssen ihm seinen Besitz rauben und seine Gefangenen für Gott befreien. Es geht nicht nur darum, welchen Anteil wir an der Gewinnung von »Seelen« haben, sondern auch darum, welchen Einfluß wir im Reich der Fürstentümer und Gewalten besitzen. Und dafür muß ein Preis gezahlt werden.

Es ist oft möglich, Menschen in Bewegung zu setzen, wenn es völlig unmöglich ist, den Satan von der Stelle zu bewegen. Tatsache ist, daß es viel mehr kostet, sich mit dem Satan auseinanderzusetzen, als Seelen zu gewinnen. Es erfordert das Äußerste eines gotthingegebenen Herzens, damit dem Satan rechtskräftig die Basis in uns entzogen wird, auf deren Anspruch er pocht. Das kostet uns etwas! Gott kann aus seiner barmherzigen Liebe für die Verlorenen bei seinen Knechten oft etwas übergehen und nachsehen, das man als entsetzliche Schwachheit und sogar als Versagen empfinden könnte. Aber während er dies bei dem Seelengewinner tun mag, so sieht die Sache doch ganz anders aus, wenn es um die Auseinandersetzung mit dem Satan geht.

Böse Geister können durch das Zeugnis eines Menschen hindurchsehen. Sie können feststellen, ob es durch Halbherzigkeit oder Unaufrichtigkeit kompromittiert ist. Sie merken es, wenn wir einen Teil des schuldigen Preises zurückbehalten. Wenn sie uns ansehen, so erkennen sie genau, wem sie trotzen und wen sie einfach ignorieren können. Und umgekehrt wissen sie genau, gegen wen sie machtlos sind. »Jesus kenne ich, und Paulus kenne ich, wer aber seid ihr?« (Apg. 19, 15). Weil sie glauben, wissen sie, wann sie zittern müssen. Und lassen Sie mich noch das sagen: Da ihr Sturz unsre Hauptaufgabe ist, ist es wichtiger, das Zeugnis der bösen Mächte als das Lob der Menschen zu haben.

Aber der Preis für dies Zeugnis an die Fürstentümer und Gewalten ist — ich wiederhole es — die völlige, uneingeschränkte Hingabe an Gott. Wenn unsere eigenen Meinungen und Wünsche Vorrang haben und wir uns unsern wechselnden und widersprüchlichen Entscheidungen hingeben, so überlassen wir dem Feind das Feld. Dann lassen wir, kurz gesagt, unsere Beute fahren. In jeder anderen Sphäre mag es vielleicht — ich weiß es nicht — in unseren Motiven Raum für eigene Interessen geben, ohne daß erheblicher Schaden entsteht. Aber nie, und ich wiederhole es, nie hier. Ohne solche unbedingte Hingabe an Gott kann nichts erreicht werden, denn ohne sie machen wir selbst Gott machtlos gegen seine Feinde.

Deshalb sage ich es nochmals: Die Forderung ist sehr hoch. Sind Sie und ich hier auf der Erde zum äußersten entschlossen, bis aufs letzte Gott hingegeben? Wenn dies so ist, dann schmecken wir jetzt schon die Kräfte der zukünftigen Herrlichkeit. Fordern wir vom Fürsten dieser Welt das Territorium zurück für den Einen, dem es von Rechts wegen allein gehört?

XI.
Den Usurpator berauben

»Christus Jesus kam in die Welt, um Sünder zu erretten.« Nach dem ewigen Vorsatz Gottes ist es der Mensch (und keine andere Kreatur), der die Herrschaft besitzen soll. So ist es natürlich und recht, daß uns diese Sünder am Herzen liegen. Ungeachtet all dessen, was wir bisher gesagt haben, dürfen wir wohl die Überzeugung haben, daß in dieser kurzen Gnadenzeit das Gewinnen von Menschen für den Heiland der Welt das beste Mittel ist, um dem Satan seine Beute zu entreißen. Wenn der Mensch hier unser Hauptthema wäre, so müßten wir allerdings diesem wichtigen Problem einen breiten Raum einräumen.

Aber wir haben uns schon in einer anderen Veröffentlichung mit der Evangelisation beschäftigt.* Des-

---
* *Der persönliche Auftrag des Christen*, Wuppertal 1967, Kap. 3.

halb möchte ich diese Studie über die »Welt« damit beschließen, daß ich mich einem anderen, und zwar materialistischeren Teilgebiet von Satans Herrschaftsbereich zuwende, um durch ein praktisches Beispiel die Kunst zu illustrieren, wie man den »Starken beraubt«. Ich meine das Gebiet des Geldes.

Geld steht im Gegensatz zu Gott. Das Wort Gottes spricht vom Mammon der Ungerechtigkeit (Luk. 16, 9). Da Jesus sagt: »Macht euch Freunde mit dem ungerechten Mammon«, kann er damit nicht den Mammon meinen, den Sie durch unrechtmäßige Handlungsweise erworben haben. Er will uns vielmehr sagen, daß der Mammon an sich schon ungerecht oder sündig ist.

Was uns hier gezeigt wird, ist nicht die Unrechtmäßigkeit der Mittel, mit denen Geld erworben wird, auch nicht die falsche Verwendung, der das Geld zugeführt wird, sondern das *sündige Wesen des Geldes*. Geld ist in seinem eigentlichen Wesen böse. Wir sprechen von »reinem Geld« und von »schmutzigem Geld«. Aber in Gottes Augen gibt es nur schmutziges Geld. Der Mensch, der Gott kennt, weiß auch um den wahren Charakter des Geldes. Er weiß, daß Geld an und für sich schlecht ist.

Wenn Sie den wahren Charakter einer Sache prüfen wollen, dann brauchen Sie nur zu fragen, ob diese Sache sie zu Gott hin- oder von ihm wegführt. Geld führt unweigerlich von Gott weg. Jesus stellt in Vers 13 deutlich das Prinzip heraus, daß es unmöglich ist, Gott und dem Mammon zugleich zu dienen, und ich meine, daß die meisten von uns auch ohne seine Erklärung davon überzeugt sind. Denn die Erfahrung lehrt uns, daß Gott und Mammon nie auf derselben Seite stehen. Der Mammon steht immer im Gegensatz zu Gott.

Natürlich ist es möglich, Jesu Wort in einem weiteren Sinn zu verstehen und den Mammon als den Repräsentanten all dessen anzusehen, was sich im allgemeinen Gott widersetzt. Aber auch der Apostel Paulus hilft uns, ganz klar gerade das Geld als Mittel zu erkennen, das die Welt mit größtem Erfolg einsetzt, um uns von Gott abzuziehen. »Die reich werden wollen«, so sagt er, »die fallen in Versuchung und Fallstricke und viele törichte und schädliche Lüste, die die Menschen in Verderben und Untergang stürzen. Denn die Liebe zum Geld ist eine Wurzel alles Übels, wodurch einige, als sie danach griffen, vom Glauben abgeirrt sind und sich durch viele Sorgen zermartert haben« (1. Tim. 6, 9. 10). Mit anderen Worten: Wenn etwas uns von Gott hinweg in die Irre führen kann, so ist es das Geld.

Das Wesen der Welt ist das Geld. Wo immer Sie mit Geld in Berührung kommen, da kommen Sie in Berührung mit der Welt. So erhebt sich die Frage: Wie können wir eine Sache, von der wir bestimmt wissen, daß sie der Welt angehört, akzeptieren, ohne in das Weltsystem verwickelt zu werden? Wie können wir mit Geld umgehen und mit ihm Geschäfte machen, mit diesem weltlichsten aller weltlichen Güter, und uns dennoch nicht vom Satan umgarnen lassen? Oder, noch schärfer formuliert: Da heutzutage nichts ohne Bezahlung ausgerichtet werden kann, wie können wir da Geld annehmen, dies Ding, das ein so hervorragender Faktor beim Aufbau des antichristlichen Reiches ist, und dieses selbe Geld zum Bau des Reiches Christi verwenden?

Die Witwe, die ihr Scherflein in den Opferkasten des Tempels warf, war dem Herrn so angenehm, daß er ihr dafür besondere Anerkennung zollte. Sie nahm damit letztlich etwas aus dem Reich Satans und unterstützte damit das Reich Gottes. Und Jesus lobte das! Wie nun, so wollen wir uns fragen, läßt sich ein solcher Transfer bewerkstelligen? Wie ist es möglich, Geld zu nehmen, das seinem innersten Wesen nach sündig ist, und damit das Reich Gottes zu bauen? Wie können Sie sicher sein, daß jede Verbindung zwischen der Welt und dem Geld, das Sie in der Tasche haben, abgeschnitten ist? Wagen Sie zu behaupten, daß nichts von dem Geld, das Sie besitzen, auf dem Konto Satans verbucht ist?

Auf jedem römischen Denar befand sich das Bild des Kaisers. Nach Jesu Worten gehören all diese Münzen dem Kaiser. Wie konnte die Verbindung zwischen dem Kaiser und der Münze unterbrochen werden? Geld ist ein Ding der Welt. Es spielt im Weltsystem eine entscheidende Rolle. Wie kann es also aus der Welt genommen werden, die es für sich beansprucht, und Gott als Opfer geweiht werden?

Im Alten Testament gab es ein unabänderliches Prinzip: »Nichts Geweihtes, das ein Mensch dem

Herrn von allem, was er hat, es sei Mensch oder Tier oder ein anderes Eigentum, weihen will, darf verkauft oder ausgelöst werden: das Geweihte ist dem Herrn heilig« (3. Mose 27, 28). In anderen Worten: es gibt keine wahre Weihe ohne Tod. Wenn in jenen Tagen dem Herrn ein Schaf geweiht wurde, so brachte man es nicht vor ihn, damit es ein lebendiges Schaf bleibe und Lämmer werfe, sondern es wurde ihm vorgestellt, um geopfert zu werden. »Es soll unbedingt getötet werden!« (Vers 29). Seine Tötung war das Zeichen seiner Annahme.

Alles Geld, das wirklich geopfert werden soll, unterliegt diesem Prinzip der Zerstörung. Das heißt, es muß aufhören, für die Welt zu existieren. Und es muß aufhören, für mich zu existieren. Als unser Herr die Witwe lobte, weil sie ihre beiden Münzen in den Schatzkasten geworfen hatte, da fügte er hinzu, sie habe ihr *bios*, das heißt, ihr Leben, eingelegt. »Sie hat in ihrer Armut alles eingeworfen, was sie zum Leben hatte« (Mark. 12, 44). Die meisten Leute legen nur Geld in den Opferstock des Herrn; sie legte zusammen mit dem Geld ihr Leben ein. In anderen Worten: Als sie das Geld losließ, da ließ sie auch ihr Leben los. Indem sie ihre beiden Münzen gab, gab sie ihr Alles.

Wenn Ihr Geld aus der Welt herauskommen soll, dann muß Ihr Leben aus der Welt herauskommen. Sie können sich nicht selbst Gott vorenthalten und ihm statt dessen etwas anderes Wertvolles geben. Sie können Ihr Geld überhaupt nicht aus der Welt *schicken*, Sie können es nur aus der Welt *herausbringen*.

Es ist keine leichte Aufgabe, Geld aus dem Reich des Satans in das Reich Gottes zu transferieren. Es kostet Mühe. Menschen vom Satan zu Gott zu bekehren, ist in der Tat leichter, als Geld vom Satan zu Gott zu »bekehren«. Durch die Gnade Gottes können Männer und Frauen für ihn gewonnen werden, ob wir uns selbst Gott völlig hingegeben haben oder nicht. Aber mit dem Geld ist es nicht so. Es bedarf großer geistlicher Kraft, unser Geld, das seinem Wesen nach böse ist, zu Geld des Heiligtums zu verwandeln. Das Geld hat die Bekehrung ebenso nötig wie die Menschen. Und ich glaube, Geld kann (wenn auch in anderem Sinne) ebenso wirklich erneuert werden, wie Seelen erneuert werden können. Aber wenn Sie Gott Ihr Geld zur Verfügung stellen, so wird dadurch der Charakter des Geldes noch nicht automatisch geändert. Nur wenn Sie Ihr Leben zusammen mit dem Geld loslassen, dann kann es vom Reich des Satans gelöst und in Gottes Reich übertragen werden. Der geistliche Wert Ihrer Arbeit für Gott wird weitgehend davon abhängen, ob das Geld, mit dem Sie umgehen, aus dem Weltsystem befreit worden ist. So frage ich Sie: Ist das bei Ihnen der Fall? Können Sie von sich behaupten, daß das Geld in Ihrer Hand nicht mehr der Welt gehört? Können Sie sagen, daß Ihr Geld nicht länger ein Teil des *Kosmos* ist, weil es völlig bekehrt worden ist? Sind Sie willig, zu Gott zu sagen: ›Ich will mein ganzes Geld, das ich verdiene oder geschenkt bekomme, bekehren, damit es alles Dir gehört‹?

Für Paulus war dies Prinzip völlig klar: Wir begehren euch, nicht das Eure. Von den mazedonischen Heiligen, die trotz ihrer Armut so freigebig gespendet hatten, sagte er, daß »sie erst sich selbst dem Herrn gegeben haben«. Dann gaben sie ihr Geld (1. Kor. 8, 5). Paulus war im Testament bewandert, wo die Weihe der materiellen Gaben immer mit der Weihe derer verbunden war, die diese Gaben darbrachten. Seine Argumentation kann darin ihre Wurzel haben.

Es mag überraschend klingen, aber es ist wahr: Gott hat nur einen beschränkten Vorrat an Geld, wohingegen der Vorrat Satans unermeßlich ist. Vielleicht fragen Sie sich verwundert, wie sich diese Behauptung mit der anderen vereinbaren läßt, nach der ihm alles Silber und Gold gehört. Aber unser Herr hat selbst gesagt, daß es Werte gibt, die Gott gehören, und Werte, die dem Kaiser gehören. Ohne Zweifel gehört letztlich natürlich alles Materielle Gott als dem Schöpfer, aber die Geldsumme, die sich heute in Gottes Schatzkasten befindet, hängt ab von der Zahl der Leute, die sich ihm geweiht haben.

Wenn ich zur Zeit des Alten Testamentes gelebt hätte, so könnte ich die Summe des Geldes im Heiligtum berechnen. Ich müßte mich nach der Zahl der Kinder Israel erkundigen und für jedes von ihnen einen halben Schekel Silber als Lösegeld berechnen (2. Mose 30, 11—16). Ferner müßte ich fünf Schekel pro Kopf als Lösegeld für jeden Erstgeborenen in Israel, der die Zahl der Leviten übersteigt, hinzuaddieren (4. Mose 3, 39—51). Und zu diesen beiden Beträgen müßte ich nach dem Kurs des Schekels des Heiligtums den

Schätzwert hinzuzählen, der jeder Person, die sich aus freiem Willen dem Herrn geweiht hatte, auferlegt wurde (3. Mose 27, 1—8). Denn es ist die Zahl des Volkes Gottes, die die Summe des Geldes Gottes bestimmt. Die Größe des Vermögens in Gottes Schatz hängt mit der Zahl der Menschen zusammen, die sich ihm geweiht haben.

Hier liegt eine wichtige Frage, die wir alle beantworten müssen: Besteht das Geld, mit dem ich heute in Berührung gekommen bin, aus Schekeln des Heiligtums oder ist es Mammon der Ungerechtigkeit? Wenn ich eine Mark bekomme oder eine Mark verdiene, so muß ich dafür sorgen, daß dies Geld sofort in die Währung des Heiligtums umgewechselt wird. Geld kann unser Untergang sein, es kann uns aber auch zum Schutz gereichen. Verachten Sie das Geld nicht! Sein Wert ist eine Realität! Es kann für den Herrn eine große Hilfe sein. Wenn Sie selbst mit Herz und Geist aus der Welt herauskommen, dann können Sie — so Gott will! — manche Werte aus der Welt mitnehmen. Als die Israeliten aus Ägypten auszogen, da nahmen sie viele Schätze mit. Sie beraubten die Ägypter, und die Beute, die sie davonschleppten, wurde zum Bau der Stiftshütte verwendet. Allerdings wurde auch etwas davon — wir erinnern uns — zur Herstellung des goldenen Kalbes benutzt und ging damit für Gott verloren. Aber als Gottes Volk Ägypten verließ, da nahm es die Stiftshütte, oder zumindest das Material dafür, aus Ägypten mit. Ägyptisches Gold, Silber, Kupfer, Leinen, alles wurde umgewandelt und für das Heiligtum Gottes benutzt.

Wenn das schon im Alten Testament so war, um wieviel höher muß dann der Standard sein, den das Neue Testament anlegt. Der neutestamentliche Schlüssel zu Finanzfragen besteht darin, daß wir nichts für uns selber behalten. »Gebt, so wird euch gegeben werden!« So lauten die Worte unsres Herrn (Luk. 6, 38), und nicht: »Spart, und ihr werdet reich werden!« Das Prinzip des geistlichen Zuwachses liegt im Geben, nicht im Horten. Gott erwartet von uns allen angemessenes und nicht etwa zielloses Geben. Das heißt, daß unser Geben nicht von der Laune des Augenblicks abhängig sein soll, sondern es soll die Frucht eines bestimmten Übereinkommens sein, das mit ihm in Geldsachen geschlossen worden ist. Und daran gilt es dann festzuhalten!

Das Geheimnis, den Satan zu berauben, liegt in der persönlichen Hingabe. Wenn wir von der Welt erlöst sind und uns trotzdem nicht selbst Gott zum Opfer hingeben, so schafft dies eine ganz unmögliche Situation. »Ihr seid nicht euer eigen, denn ihr seid um einen Preis gekauft worden« (1. Kor. 6, 19. 20). Es kommt nicht darauf an, ob wir einem Beruf oder einem Gewerbe nachgehen, die uns ein Einkommen aus der Welt verschaffen, oder ob wir uns ausschließlich mit der Predigt des Wortes beschäftigen und für unsren Lebensunterhalt auf die Gaben des Volkes Gottes angewiesen sind. Es gibt für uns alle nur *einen* Weg und nicht zwei. Wir alle sind gleichermaßen Gott zugeeignet, und wir sind alle seine Zeugen. Es ist einfach nicht wahr, daß die Verkündigung des Evangeliums an sich rein und das Erwerbsleben schmutzig ist, so daß diejenigen, die sich mit dem letzteren befassen, notwendigerweise so befleckt sein müssen, daß sie für Gott von geringerem Wert sind. Es kommt nur darauf an, daß Gott, und nicht unser Beruf, das Zentrum unsres Lebens ist.

»Habt nicht lieb die Welt, noch was in der Welt ist!« Wir haben eine Salbung von dem Heiligen: Wir sollen dementsprechend leben! Geben Sie sich Gott ganz hin! Leben Sie ganz und gar für ihn! Achten Sie darauf, daß — soweit es Sie persönlich betrifft — die Dinge dieser Welt aus Satans Büchern gestrichen und auf Gottes Rechnung übertragen werden. »Denn die Welt vergeht mit ihrer Lust. Wer aber den Willen Gottes tut, der bleibt immerdar!«

R. BROCKHAUS TASCHENBÜCHER

3	**Dennoch** v. Corrie ten Boom
6	Eine von den Unbezwungenen v. R. O. Latham
7	**Wie ich Christ wurde** v. Ole Hallesby
13	**Vom Beten** v. Ole Hallesby
17	**Friede mit Gott** v. Billy Graham
23	**Auf der Suche nach Freiheit** v. Arthur Richter
29	**Prozeß gegen Gott** v. A. Richter
33	**O diese Gabriele!** v. Berta Schmidt-Eller
59	**Ich war ein Gangster** v. Jim Vaus
75	**Christliche Prophetie und Nuklearenergie** v. Bernhard Philberth
91	**Jürnjakob Swehn** v. Johannes Gillhoff
103	**Pioniere für Gott** v. O. Schnetter
105/106	**Das Versprechen** v. Caroline Snedeker
108/109	**Doktor Ida** v. Dorothy C. Wilson
110	**PS: Ich liebe dich!** v. E. Jane Mall
117	**Naturwissenschaft, Weltbild, Glaube** v. Hans Rohrbach
120	Aus zweiter Hand leben? v. Arthur Richter
125	**Segelfoss rettet eine Liebe** v. H. W. Preuß
133/134	**Der Ketzer von Paris** v. Florence Whitfield Barton
135	Gott wohnt in Polen v. Renate Sprung
139/140	**Das Himmelreich am Högl** v. Richard Wolf
141	Schöpfungswunder im Tierreich v. Erich Hitzbleck
142°	**Ein Schauspiel den Engeln** v. Edith Krispien
143	**Der Tag beginnt um Mitternacht** v. B. von Heiseler
144	**Die lachenden Pferde** v. J. B. Donovan
145°	**Baltische Frauen** und **Italienische Reise** v. Monika Hunnius
146/147	**Um Füße bat ich und er gab mir Flügel** v. D. C. Wilson
148°	**Großvater Ledderhose** v. Karl Hesselbacher
149	**Ein Ball — zehn Hände — hundert Siege** v. Cazzie Russell
150°	Geschichten aus Dalarne v. A. Hambraeus
153	Warum gerade ich? v. E. Kobbert
154	Bin kein Mister Niemand v. Linden/Winter
155°	**Die ewig grünende Tanne** v. A. Winnig
156/157	**Alle Schafe meiner Herde** v. O. F. Lang
158	Er trotzte dem Tod v. B. Wynne
159	Der Hauptmann braucht keinen Urlaub v. G. Rasmussen
160/161	**Die Karriere** v. G. Irwin

162	Ist das richtig, Herr Doktor? v. M. Kibler
163	Jugend aktuell v. G. Klempnauer
164°	**Der unsichtbare Partner** Kurzgeschichten
165	Kritik und Vertrauen v. H. J. Baden
166	Alles unter einem Dach v. H. Schlunk
167	Ein Mensch wagt zu lieben v. J. H. Oldham
168	Welt in Flammen v. B. Graham
169	Blumen blühen in der Wüste v. D. Winsemius
170/171	Das Testament des Mr. Adam v. E. Goudge
172	**Ich — Abdi, der Kameltreiber** v. A. O. Schwede
174	**Architektur der Schöpfung** v. E. Hitzbleck
175	Wenn Sie mich fragen v. C. Richard
176	Mutter Ditta v. A. de Moor
177	Marie Durand v. E. E. Ronner
178/179	Finger an Gottes Hand v. D. C. Wilson
180	**Der Mann mit der Laterne** v. E. E. Ronner
181	Gott ist jederzeit zu sprechen v. P. Roth
182	**Kanzel in der Unterwelt** v. F. Gage/S. Redding
183	**Lilien auf dem Felde** v. W. E. Barret
184	Man lebt — fragt sich nur wozu? v. K. Vollmer
185/186	Mutter Dittas Vermächtnis v. A. de Moor
187	Sprechstunde für die Frau v. E. Price
188	Das normale Christenleben v. W. Nee
189	... und den glimmenden Docht wird er nicht auslöschen v. E. J. Mall
190	Biblischer Realismus v. A. Köberle
191/92	... darum werden wir nicht mutlos v. D. C. Wilson
193	In der Welt — nicht von der Welt v. W. Nee
194	Er führt mich auf rechter Straße v. E. Modersohn

° „Erntebücher" — Besonders klares Schriftbild, auch für ältere und kranke Menschen gut geeignet.

Die Taschenbuchreihe wird laufend fortgesetzt.
Bitte fordern Sie unser Gesamtverzeichnis an.

R. BROCKHAUS VERLAG WUPPERTAL